지구의 마법사
공기

지구의 마법사
공기

허창회·임효숙 글 · 박지은 그림

개정판을 내며

 공기는 우리 눈에는 보이지 않지만, 생물이 살아가는 데 가장 중요하고 꼭 필요한 존재입니다. 공기는 지구가 만들어질 때 함께 만들어졌는데, 생물이 지구상에 나타나면서부터 공기와 생물은 떼려야 뗄 수 없는 아주 긴밀한 관계를 유지하고 있어요. 공기를 구성하는 성분이 바뀌면, 그것을 좋아하는 생물이 활발해지고, 때로는 생물이 공기 구성 성분을 바꾸기도 한답니다.

 우리가 들이마시는 산소도 지구가 만들어질 때부터 있던 것이 아니라 먼 옛날에 살던 어떤 생물이 만들었어요. 만일 산소를 만들었던 생물이 지구에 살지 않았더라면 지금 우리가 살 수 없었겠지요.

 공기는 숨을 쉴 때만 필요한 게 아니에요. 날씨도 공기가 있기 때문에 생겨나요. 비가 오고, 번개가 치고, 바람이 불고, 해가 내리쬐는 것도 모두 공기의 똑같아지려는 성질 때문에 나타나는 현상이에요. 공기는 양이 많은 곳에서 적은 곳으로 가려고 하고, 높은 곳에 있으면 낮은 곳으로 내려가지요.

 이 책을 처음 쓸 무렵인 2000년대 초반에는 대기 과학을 주제로 한

어린이 책이 많지 않았어요. 있더라도 비전문가가 쓰거나 외국 서적을 번역한 것이어서 과학적으로 틀린 내용도 많았지요.

어린이 독자를 대상으로 하기 때문에 복잡한 과학 지식을 전부 설명할 수는 없겠지만 틀린 얘기를 해서는 안 된다고 생각했습니다. 그래서 이 책을 썼어요.

이 책에서는 지구 공기가 어떤 날씨를 만드는지 소개합니다. 여러분이 쉽게 이해할 수 있도록 기초부터 차근차근 설명하고 있습니다. 아저씨는 여러분이 이 책을 읽고 난 후에 공기의 소중함을 한 번 더 생각하기를 원합니다.

이 책을 꼼꼼하게 읽고 의견을 준 서울대학교 지구환경과학부 장민희 님에게 감사합니다.

허창회

이 책을 읽는 어린이에게

　이 세상에서 가장 소중한 것은 무엇일까요? 엄마, 아빠, 친구, 물, 음식, 집, 공부……. 생각해 보니 없어서는 안 될 소중한 것이 너무나 많네요. 그러나 만일 공기가 없다면 어떻게 될까요? 아무리 건강한 사람도 공기가 없으면 단 몇 분도 살 수 없을 거예요. 그러니까 공기는 참 소중하지요.

　이렇게 소중한 공기는 우리가 매일 만나는 여러 자연 현상을 만들어요. 바람, 파란 하늘, 저녁노을 그리고 구름은 공기가 있기 때문에 생겨나요. 공기가 어떻게 하늘을 파랗게도 빨갛게도 보이게 하냐고요? 이 책을 꼼꼼히 읽어 보세요. 그 이유를 알 수 있어요. 이유를 알고 나면 친구들에게 알려 줄 수도 있겠지요.

　공기는 이뿐만 아니라 더 많은 것을 만들어 내요. 마치 지구의 마법

사처럼요. 어린이들이 좋아하는 일곱 빛깔 무지개와 오로라 그리고 아주 무서워하는 천둥과 번개, 태풍 등도 공기 때문에 생겨나요. 이 책은 이러한 자연 현상들이 어떻게 생겨나는지 자세히 설명하고 있어요.

  그런데 요즈음 큰일 났어요. 공장과 자동차에서 온종일 뿜어 나오는 오염 물질이 소중한 공기를 더럽히고, 지구를 뜨겁게 하고 있어요. 이렇게 계속 공기가 오염되면 우리에게 얼마나 나쁜 일이 일어날지 이 책을 통해 알려 주고 싶어요. 아저씨는 이 책을 읽는 어린이 모두가 참으로 자연을 사랑하는 사람이 되었으면 해요.

허창희

이 책을 선택하신 부모님과 선생님께

사람들에게 공기에도 무게가 있다고 얘기하면 "그럼, 공기도 기체니까 무게가 있어야지."라고 당연하다는 듯이 대답합니다. 하지만 앞으로 내민 우리 손바닥을 누르고 있는 공기가 100킬로그램이나 된다고 하면 깜짝 놀랍니다. 누구든지 놀랍도록 무거운 공기의 무게를 의심하기 시작합니다.

"공기가 그렇게 무거워? 그런데 왜 우리는 공기의 무게를 전혀 느끼지 못하지?" 자연 과학은 이런 '왜'라는 물음에서부터 시작됩니다. 이 책은 우리 주위에서 볼 수 있는 대기 현상에 대하여 '왜'라는 물음을 갖는 어린이에게 조금이나마 도움이 되기 위해 썼습니다.

여러 대기 현상 중에서 어린이가 궁금해 하는 공기의 무게, 바람, 무지개, 파란 하늘, 저녁노을 그리고 오로라에 대해 알아보았습니다. 또 많은 기상 현상은 수증기가 만들어 냅니다. 그래서 수증기와 관련된 비

  와 구름, 천둥과 번개, 태풍, 토네이도의 발생 원인과 과정도 알기 쉽게 설명하였습니다. 마지막 두 개의 단원에서는 기후 환경에 대해 알아보았습니다.

  우리는 과학 기술의 발달로 편리해진 대신에 환경 파괴라는 엄청난 대가를 치르고 있습니다. 지구 온난화, 오존층 파괴 그리고 대기 오염 등의 기후 환경 변화는 인류의 생존마저도 위협하고 있습니다. 어린이들에게 기후 환경 변화가 얼마나 심각한 결과를 초래할 수 있는가를 알려 줌으로써 자연을 소중히 여기는 마음을 갖도록 하였습니다. 부모님이 아이와 함께 책을 읽어 가며 많은 도움말을 주세요. 내용에 대해 궁금한 것이 있다면 전자우편(hoch@cpl.snu.ac.kr)으로 문의 바랍니다.

허창회

차례

개정판을 내며 4
이 책을 읽는 어린이에게 6
이 책을 선택하신 부모님과 선생님께 8

공기

1. 공기에도 무게가 있나요? 12
2. 살아 움직이는 공기 20
3. 공기가 수놓은 하늘의 빛깔들
   (무지개, 파란 하늘, 저녁노을) 30
4. 천사들의 수채화 오로라 40

수증기

5. 하늘의 물탱크, 비와 구름 46
6. 번개와 천둥은 형과 동생 사이 54
7. 심술꾸러기 장사 태풍 65
8. 하늘의 용, 토네이도 75

기후환경

9. 좋은 오존과 나쁜 오존　85
10. 우리가 살 수 없는 세상이 오는 것은 아닐까요?　95

공기

1.

공기에도 무게가 있나요?

세상에서 가장 가벼운 게 뭘까요? 새의 깃털, 민들레 홀씨, 속눈썹, 바싹 마른 가을 낙엽, 먼지……. 정말 모두 가벼운 것들이군요. 그런데 공기보다 가벼울까요? 물론 아니에요. 공기가 훨씬 가벼워요. 풍선에 공기를 가득 불어 넣어도 하나도 무겁지 않잖아요.

하지만 공기가 가볍다고 너무 얕보지 마세요. 하늘에 있는 공기를 모두 합하면 상상할 수 없을 만큼 무거워지니까요. 자, 손바닥을 앞으로 내밀어 보세요. 지금 그 손바닥 위에는 무려 100킬로그램이나 되는 공기가 있어요. 몸집이 커다란 씨름 선수가 손바닥 위에 올라가 있는 것과 마찬가지지요.

믿어지지 않지요? 그럴 만도 해요. 100킬로그램을 한 손으로 들어 올린다는 건 말도 안 되니까요. 게다가 힘을 하나도 들이지 않고 말이에요. 하지만 100킬로그램의 공기가 손바닥을 짓누르고 있다는 건 틀림없는 사실이에요. 그렇다면 왜 하나도 무겁지 않을까요?

그건 공기가 손바닥 위

에만 있는 게 아니라, 위에서 누르는 만큼 양옆과 밑에서도 받쳐 주고 있기 때문이에요.

물속 깊이 들어가서 손을 내밀어 보세요. 하나도 무겁지 않지요? 공기처럼 물도 양옆과 밑에서 받쳐 주고 있기 때문에 그런 거예요. 손바닥 위에 무거운 걸 올려놓았을 때 누군가 손을 받쳐 준다면 힘이 들지 않는 것과 마찬가지지요. 그래서 100킬로그램이나 되는 공기의 무게를 전혀 느끼지 못하는 거랍니다.

풍선은 왜 터질까요?

풍선을 불어 보세요. 점점 부풀어 오르지요? 멈추지 말고 계속 불어 보세요. 어떻게 되나요? 부풀어 오르다가 어느 순간에는 터져 버릴 거예요.

너무 시시한 실험이라고요? 그래요. 풍선에 바람을 불어 넣으면 끝내 터진다는 걸 모르는 친구는 없을 테니까요. 그런데 풍선에 바람을 불어 넣으면 왜 부풀어 오르고, 왜 터져 버릴까요? 그건 풍선 안에 공기가 많아지기 때문이에요. 풍선 안에 공기가 많아지면 왜 터질까요?

공기는 언제나 많은 곳에서 적은 곳으로 가려고 해요. 공기는 똑같

아지려고 하거든요. 풍선이 부풀어 오르는 이유는 바로 풍선 안에 공기가 많아져 공기가 적은 바깥으로 가려고 하기 때문이에요. 그래서 풍선을 밀어내는 거지요. 풍선에 공기가 많아지면 많아질수록 바깥으로 나가려는 힘은 더욱 세져서 풍선이 견디지 못하고 터져 버려요.

 만약 부풀어 오른 풍선에 구멍이 나면 어떻게 될까요? 구멍으로 공기가 빠져 나오겠지요? 그러고는 점점 작아져 원래 크기로 돌아온답니다.

 그런데 풍선에 구멍이 있어도 공기가 다 빠져나가지는 않아요. 왜 그럴까요? 조금 전에 이야기한 것 기억하나요? 공기는 똑같아지는 것을 좋아한다고요. 그렇기 때문에 풍선 바깥쪽과 안쪽이 똑같아지면 공기는 더는 줄어들지 않아요.

풍선을 타고 우주여행을 할 수 있을까요?

공원에서 한 아이가 울고 있어요. 풍선을 가지고 놀다 놓쳐 버렸다지 뭐예요. 풍선은 몸을 뒤뚱거리며 하늘로 올라가고 있어요. 저 풍선은 어떻게 될까요? 저러다가 하늘 끝까지 올라가는 건 아닐까요? 달나라에 가고 별나라까지 가는 건 아닐까요? 그렇다면 우리는 아주 커다란 풍선을 타고 우주여행을 할 수도 있겠군요.

하지만 풍선을 타고 하늘을 날 수는 있어도 우주여행을 할 수는 없답니다. 왜 그런지 우리 한번 알아볼까요?

풍선은 하늘 높이 올라가면 점점 부풀어 오르다가 끝내 터져 버리고 말아요. 공기는 하늘로 올라갈수록 점점 줄어들다가, 아주 높이 올라가면 아예 없어져 버려요. 이렇게 공기가 줄어드니까, 풍선 안의 공기는 밖으로 나가고 싶어 안달이 난답니다.

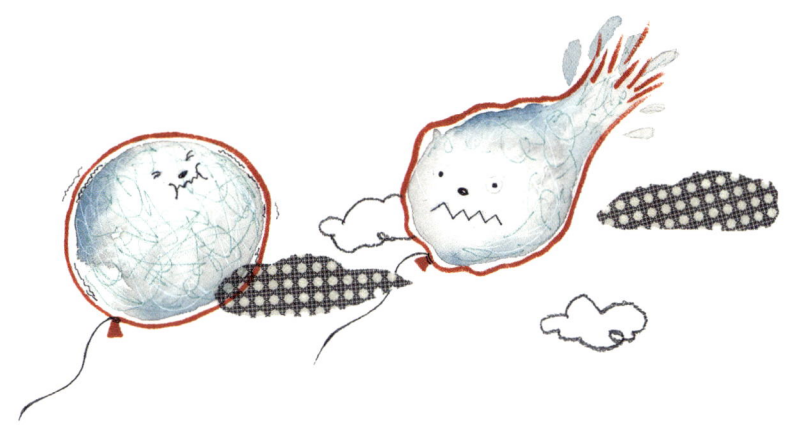

풍선이 높이 올라가는 건 풍선에 바람을 계속 불어 넣는 것과 똑같아요. 그러니까 끝내는 터질 수밖에 없지요. 따라서 풍선으로 우주여행을 한다는 건 어림없는 일이에요. 우주여행을 하려면 엄청나게 센 공기의 힘을 견딜 수 있는 튼튼한 우주선이 있어야 해요. 그렇지 않으면 하늘에서 터지고 말 거예요.

공기가 떠 있는 까닭은?

바람이 반쯤 빠진 풍선을 높은 산으로 가져가면 어떻게 될까요? 잘 모르겠으면 풍선이 하늘로 높이 올라갔을 때 터지는 까닭을 생각해 보세요. 부풀어 오르겠지요? 높이 올라갈수록 공기가 적어진다고 했으니까요. 그래서 높은 산 위에서는 바람을 조금만 불어 넣어도 풍선이 크게 부풀어 오른답니다.

혹시 히말라야 같은 높은 봉우리를 올라가는 등반가들이 숨을 쉬기 위해 무거운 산소통을 지고 가야만 한다는 사실을 알고 있나요? 왜 그럴까요?

높은 산에는 숨을 쉴 공기가 적기 때문이에요. 5.5킬로미터 높이에서는 공기의 양이 지상에 있는 공기 양의 절반밖에 안 된다고 해요. 에베레스트산 정상이 8킬로미터보다 높으니 그곳엔 지상 공기의 30퍼센트 정도밖에 없지요.

그럼 공기는 왜 위로 올라갈수록 줄어드는 걸까요?

바로 중력 때문이에요. 중력은 지구가 잡아당기는 힘을 말하는데, 무게를 갖고 있는 건 무엇이든 땅으로 떨어지게 만들지요. 공기도 무게가 있으니까 당연히 땅으로 떨어지겠지요?

그런데 공기는 왜 땅에 붙어 있지 않고 하늘에 떠 있는 걸까요? 공기는 똑같아지는 걸 좋아한다는 말 기억하지요? 그래서 공기가 많은 곳에서 적은 곳으로 가려고 한다고 했어요. 수직으로 보면 공기는 항상 아래에 많아요. 아래에 공기가 많으니 똑같아지기 위해서 위로 올라가려고 해요.

이렇게 공기는 자꾸 위로 올라가려 하고, 반대로 중력은 공기를 자꾸 아래로 잡아당겨요. 공기와 중력이 줄다리기를 하고 있는 셈이지요. 지금도 하늘에서는 공기와 중력의 줄다리기가 한창이랍니다.

하지만 아무리 오랫동안 줄다리기를 해도 두 힘이 같기 때문에 시합은 끝나지 않을 거예요. 만약 줄다리기 시합에서 공기가 이긴다면 공기는 모두 하늘 높이 날아가 버릴 테고, 중력이 이긴다면 공기가 모두 땅에 가라앉고 말겠지요. 그러면 우리는 지구에서 살 수 없을 거예요. 공기와 중력의 줄다리기 시합이 끝나지 않아서 참 다행이네요.

2. 살아 움직이는 공기

바람은 쉬지 않고 불어요. 어떤 때는 우리가 느끼지 못할 만큼 살살 불고, 어떤 때는 나무가 부러지고 지붕이 날아갈 만큼 세게 불어요. 도대체 바람은 왜 부는 걸까요? 태풍 때문일까요? 태풍이 거센 바람을 몰고 다니기는 하지만, 태풍이 오지 않을 때도 바람은 불어요.

추워지니까 바람이 불까요? 그럼 더울 때는 바람이 안 부나요? 더울 때나 추울 때나 바람은 분답니다. 바람은 당연히 부는 거라고 생각했는데, 막상 그 이유를 말하려니까 참 어렵지요?

우리가 당연하다고 생각하는 것에는 엄청난 과학의 비밀이 숨어 있는 경우가 많아요. 뉴턴은 사과나무에서 사과가 떨어지는 것을 보고 만유인력의 법칙을 발견했잖아요. 자, 우리도 지금부터 바람의 비밀을 캐 봐요.

바람이 부는 이유는 공기가 움직이기 때문이에요. 공기의 움직임이 클 때는 바람이 세게 불고, 공기의 움직임이 작을 때는 바람이 약하게 불어요. 그러니까 바람이 부는 까닭을 알려면 공기가 왜 움직이는지를 알아야 해요.

공기는 왜 얌전히 멈춰 있지 않고 움직이는 걸까요? 공기는 기체라서 움직일 수 있어요. 만약 공기가 쇳덩이나 나무토막처럼 딱딱한 고체라면 움직이지 못할 거예요. 물론 바람도 불 수 없겠지요.

만유인력

무게를 갖고 있는 물체가 서로 끌어당기는 힘이에요. 물체가 무겁고 가까운 거리에 있을수록 끌어당기는 힘은 커져요. 지구 위에 있는 모든 물체는 지구의 엄청난 무게에 끌려서 땅으로 떨어지지요. 그래서 지구 위에서는 만유인력을 중력이라고도 해요.

그렇다면 공기는 어떻게 움직일까요? 그냥 가고 싶은 대로 제멋대로 움직일까요? 그렇지는 않아요. 공기는 언제나 많이 모여 있는 곳에서 적게 모여 있는 곳으로 움직여요. 텔레비전에서 일기 예보를 보면 고기압과 저기압 얘기를 하지요? 고기압은 공기가 많이 모여 있는 곳이고, 저기압은 공기가 적게 모여 있는 곳이에요. 그렇기 때문에 바람은 고기압에서 저기압 쪽으로 불고, 고기압과 저기압의 차이가 크면 클수록 바람도 세지는 것이랍니다.

고기압과 저기압이 먼가요?

고기압과 저기압은 날씨를 결정해요. 지금부터 날씨의 맑고 흐림을 결정하는 저기압과 고기압이 무엇인지 얘기할 테니 잘 들어 봐요.

보통 저기압이 다가오면 흐려지고 고기압이 다가오면 맑아져요. 우리가 내민 손바닥 위에는 무려 100킬로그램이나 되는 엄청난 무게의 공기가 있어요. 이처럼 공기가 중력의 영향을 받아서 아래로 누르는 힘을 기압이라고 하는데, 공기가 적으면 누르는 힘이 약해지고, 기압이 낮아져요. 이걸 저기압이라고 해요. 반대로 공기가 많으면 누르는 힘이 세지고, 기압이 높아져요. 바로 고기압이지요.

고기압 지역에는 공기가 많으니까 공기는 저기압 지역으로 가요. 저기압 지역에 모여든 공기는 어디로 갈까요? 두더지처럼 땅속으로 들어갈까요? 아니면 새처럼 하늘로 올라갈까요?

공기는 땅속으로 갈 수 없어요. 모여든 공기는 하늘로 올라가서 풍선처럼 부풀어 올라요. 이때 공기는 부풀어 오르기 위해서 일을 해야 해요. 공기가

온도↓
습도↑

하늘로!
영차!

내가 갈게~

LOW 저기압   HIGH 고기압

일을 하면 에너지를 써 버려서 온도가 낮아지지요.

　온도가 낮아지면 습도는 높아져요. 습도는 같은 양의 수증기가 있을 때 온도가 낮을수록 높아지거든요. 습도가 높아져서 100퍼센트 가까이 되면 공기 안에 있던 수증기는 작은 물방울로 변하기 시작한답니다. 이게 바로 구름이에요. 저기압 지역에 자꾸만 공기가 모여드니까 구름이 계속 만들어지고 날이 흐려지는 거예요.

　그러면 고기압 지역은 어떻게 될까요? 고기압 지역은 저기압과는 반대로 빈 공간을 채워 줄 공기가 필요해요. 그렇기 때문에 하늘에 있던 공기가 땅으로 내려와야만 하지요. 공기는 땅으로 내려오면서 쪼그라들고 온도는 높아져요. 습도도 낮아져서 구름이 없는 맑은 날이 돼요.

바람의 변화를 관찰할 수 있어요

　바람은 기압의 차이에 따라 끊임없이 변해요. 바람의 변화를 알면 기압의 변화를 알 수 있고, 또 날씨를 예측할 수도 있어요. 그래서 세계 여러 관측소에서는 바람의 방향과 세기를 하루 종일 관측하고 있어요.

학교에도 긴 막대에 매달려 있는 풍향계와 풍속계가 있지요? 풍향계는 날개를 단 화살처럼 생겼고, 풍속계는 아이스크림을 푸는 숟가락처럼 생겼어요. 바람이 불면 풍향계는 빙글빙글 돌아요. 그걸 보고 바람이 어느 쪽에서 부는지 알아낼 수 있어요. 풍속계는 천천히 돌다 빨리 돌다 해요. 천천히 돌수록 바람이 약한 거고, 빨리 돌수록 바람이 세게 부는 거예요.

하지만 이런 장치로는 겨우 몇십 미터 높이의 바람밖에 알 수 없어요. 긴 막대를 하늘 끝까지 세울 수는 없거든요. 몇백 미터나 몇천 미터 높이에서 부는 바람을 알기 위해서는 여러 전자 관측 장비가

라디오존데

달려 있는 풍선을 띄워야 해요. 이 장비의 이름은 라디오존데예요. 라디오존데는 높이 올라가면서 바람을 관측해요.

아! 그런데 큰 문제가 하나 있네요. 땅에서는 이렇게 관측소를 세우고 라디오존데를 띄우면 되지만, 바다에서는 어떻게 할까요?

인공위성을 이용하면 돼요. 인공위성은 바람이 부는 것을 알려 줘요. 인공위성은 구름을 보고 바람의 움직임을 알 수 있어요. 구름은 아주 가벼워서 바람이 부는 대로 움직이잖아요. 인공위성은 정해진 시간마다 계속 구름 사진을 찍기 때문에 여러 장의 구름 사진을 비교

천리안 위성에서 한반도를 찍은 모습(2019년 3월 5일 오전 10시)

해 보면 바람이 어느 방향으로 얼마만큼 세게 부는지를 알 수 있지요. 인공위성은 지금도 하늘에 떠 있는 저 하얀 구름을 보고 있을 거예요.

콜럼버스, 고기압 바람을 따라 여행하다

콜럼버스가 1492년에 아메리카 대륙을 발견한 사실을 알고 있나요? 콜럼버스는 새로운 대륙을 찾기 위해 스페인을 출발해 아메리카까지 항해했어요. 옛날에는 지금처럼 엔진이 달린 배도 없었을 텐데,

어떻게 그 먼 거리를 항해했을까요? 여러 사람이 열심히 노를 저어 갔을까요?

콜럼버스는 배에 돛을 달고 동풍을 따라 서쪽으로 여행을 했어요. 그렇게 해서 아메리카 동쪽 바닷가에 닿았지요. 그때 사람들은 열대 지역에서 바람이 어디에서 어디로 부는지 잘 알고 있었거든요. 콜럼버스는 지구는 둥그니까 동풍을 타고 서쪽으로 가다 보면 인도에 다다를 것이라고 믿었어요. 어찌 되었든 콜럼버스는 스페인을 출발하여 아메리카까지 바람을 타고 여행을 한 셈이 되었어요.

콜럼버스는 북대서양의 고기압에서 불어 나오는 바람을 따라갔으니 이렇게 얘기할 수도 있어요. '콜럼버스, 고기압 바람을 따라 여행하다.'

공기는 영원히 살아 움직일 거예요

지구 모든 곳에서 기압이 똑같아지는 경우는 없어요. 지구는 바다와 육지로 나뉘어져 있고, 같은 육지라도 숲이 많은 지역과 그렇지 않은 지역이 있어요. 그래서 같은 양의 햇빛을 받더라도 온도는 모두 달라요.

해가 쨍쨍 내리쬘 때, 흙을 담은 대야와 물을 담은 대야를 놓아두면 흙을 담은 대야가 훨씬 뜨거워지잖아요. 이렇게 땅의 상태에 따라 온도가 다르기 때문에 공기의 밀도가 달라지고, 기압도 달라져요.

어떤 곳에 공기가 적어져서 저기압이 되면 그 주변 지역은 곧바로 고기압 지역이 돼요. 왜냐고요? 저기압 지역 주위에 있으면 상대적으로 기압이 높아지기 때문이지요. 고기압 지역 주위도 마찬가지예요. 고기압이 만들어지면 주위는 상대적으로 기압이 낮아져서 저기압으로 바뀌어요.

그런데 공기는 똑같아지는 것을 좋아하기 때문에 항상 공기가 많은 곳에서 적은 곳으로 움직여요. 고기압에서 저기압으로 바람이 부는 것도 그 때문이지요. 기압은 항상 다르기 때문에 공기는 계속해서 움직여요. 마치 영원히 살아 움직이는 생물처럼요. 공기가 움직인다는 건 바람이 분다는 거예요.

난 움직이는 게 좋아!

옛날부터 사람들은 쉬지 않고 바람을 이용하려 했어요. 콜럼버스는 아메리카에 갈 때 바람을 이용했고, 풍차도 바람의 힘을 이용한 장치지요. 요즘은 풍력 발전소를 세워서 전기를 만들고 있어요. 바람을 이용하니까 돈도 덜 들고, 더군다나 대기 오염을 걱정할 필요가 없으니 얼마나 좋아요. 지금 우리나라를 비롯한 세계 여러 나라에서는 풍력 발전소를 세워서 전기를 만들고 있어요. 이 발전소는 바람이 세게 부는 곳에 세울수록 효과적이에요.

풍력 발전소

3.

공기가 수놓은 하늘의 빛깔들

무지개, 파란 하늘, 저녁노을

하늘이 눈부시게 파래요. 비가 내리고 나니 세상이 너무나 맑고 깨끗해졌어요. 도시를 뒤덮고 있던 온갖 먼지가 비에 모두 씻겨 내려갔나 봐요. 그런데 하늘은 왜 파랄까요? 해가 질 때면 서쪽 하늘이 저녁노을로 붉게 빛나는데, 저녁노을은 왜 빨간 걸까요? 그리고 무지개는 왜 일곱 빛깔일까요? 게다가 하필이면 왜 '빨주노초파남보'일까요?

아마 호기심이 많은 친구들은 이런 것들이 궁금했을지도 몰라요. 하지만 그 까닭을 알아내는 건 너무나 막막한 일이지요. 하늘빛이 파랗고, 노을이 붉게 물들고, 무지개가 뜨는 데엔 그럴 만한 까닭이 있어요. 이제 그 까닭을 함께 알아봐요.

햇빛은 무지개 빛깔?

파란 하늘과 노을 그리고 무지개는 해가 비치기 때문에 나타나요. 우리는 햇빛 때문에 사물을 볼 수 있고 빛깔을 알아볼 수 있지요. 불빛이 없는 깜깜한 밤에 빛깔을 구별하는 사람이 있을까요? 아무도 없을 거예요. 특별한 안경을 쓴다 해도 사물을 알아볼 수는 있지만 빛깔을 알아볼 수는 없어요.

그럼 햇빛은 무슨 빛깔일까요? 주위를 둘러보세요. 해가 비치고 있지만 아무런 빛깔도 없지요? 햇빛은 진짜 우리 눈에 보이는 것처럼 아무 빛깔도 없을까요? 그렇지 않아요. 햇빛은 보기와는 달리 많은 빛깔을 갖고 있어요. 단지 우리가 햇빛의 여러 빛깔을 구별하지 못할 뿐이에요.

무지개를 본 적이 있지요? 빨강, 주황, 노랑, 초록, 파랑, 남빛 그리고 보라. 무지개가 갖고 있는 이 일곱 가지 빛깔 모두가 바로 햇빛이 지니고 있는 빛깔이에요.

햇빛이 굴절되는 각도가 달라서 무지개가 생겨요

무지개는 보통 비가 온 뒤에 생겨요. 동그라미를 반으로 잘라 놓은 아치 모양이지요. 무지개의 가장 위쪽은 무슨 빛깔이지요? 빨간 빛깔이에요. 맨 아래는 보랏빛이고요. 자, 그럼 무지개가 왜 생기는지 궁금증을 차근차근 풀어 볼까요?

무지개가 생기려면 하늘에 작은 물방울이 많이 떠 있어야 해요. 무지개는 햇빛이 하늘에 떠 있는 물방울을 지나가면서 굴절되고 반사되어 만들어지거든요. 그래서 꼭 비가 온 뒤에 생기지요.

굴절이란 햇빛이 어느 물체를 통과하면서 꺾이는 현상이고, 반사는 햇빛이 물체에 부딪혀서 오던 쪽으로 되돌아가는 현상이에요. 거울에 해가 비치면 눈이 부시잖아요? 햇빛이 거울에 반사되기 때문에 그런 거예요.

그럼 햇빛이 물방울을 만나 어떻게 굴절되고 반사되는지 알아볼까요? 햇빛이 물방울을 만나 굴절될 때, 빛깔마다 꺾이는 각도가 달라요. 여러 빛깔이 다 굴절되지만 가장 적게 꺾이는 빛깔이 빨간빛이고, 가장 크게 꺾이는 빛깔이 보랏빛이에요. 만약에 햇빛이 가지고 있는 모든 빛깔이 꺾이는 각도가 같다면, 우리는 무지개를 볼 수 없을 거예요.

햇빛은 물방울에 들어가면서 한 번 굴절되고, 물방울 안에서는 반사가 돼요. 반사된 햇빛은 물방울에서 나오면서 물방울에 들어갈 때와 마찬가지로 한 번 더 굴절이 돼요. 그러니까 햇빛은 물방울에서 두 번 굴절되고 한 번 반사되어서 빠져나가지요. 이 때문에 우리는 햇빛을 등지고 있어야 무지개를 볼 수 있어요.

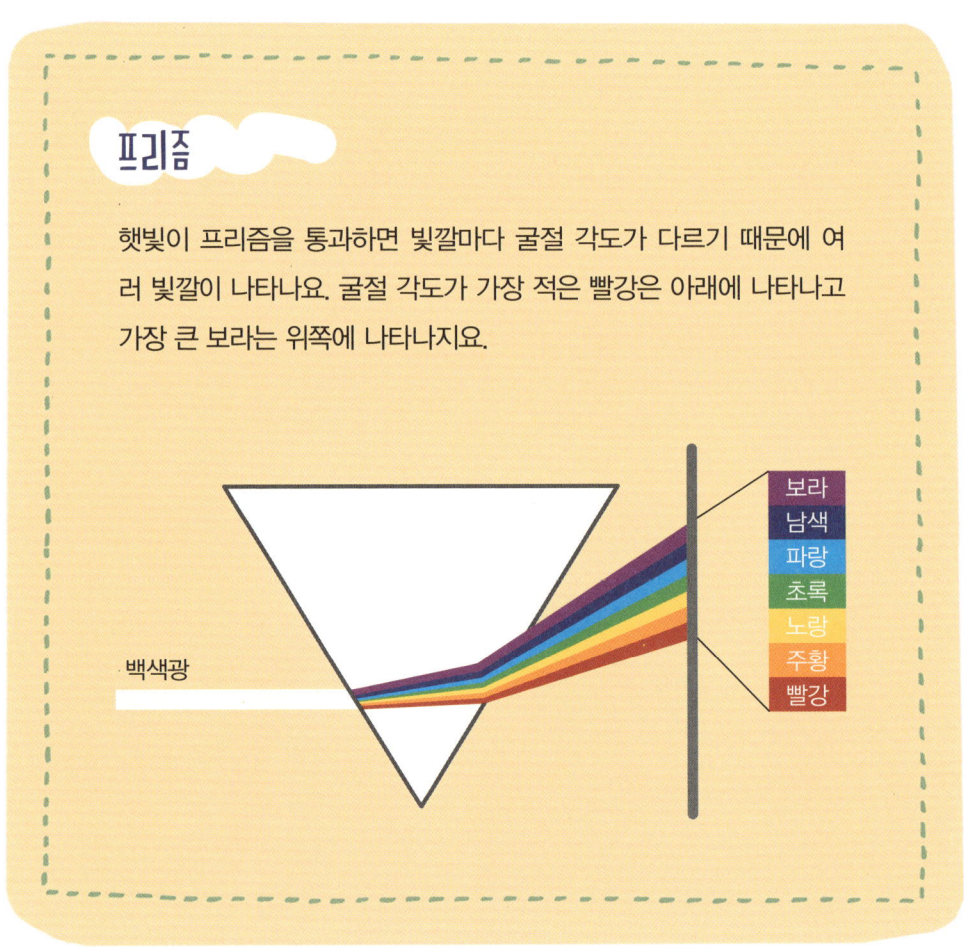

프리즘

햇빛이 프리즘을 통과하면 빛깔마다 굴절 각도가 다르기 때문에 여러 빛깔이 나타나요. 굴절 각도가 가장 적은 빨강은 아래에 나타나고 가장 큰 보라는 위쪽에 나타나지요.

파란빛을 많이 퍼트려요

지구의 하늘은 공기로 꽉 차 있어요. 하늘 어느 곳에도 공기가 없는 곳은 없어요. 심지어 땅과 바닷속에도 공기가 있지요. 이렇게 하늘을 가득 채우고 있는 공기도 무지개를 만드는 물방울처럼 햇빛의 방향을 바꿔 놓아요.

그러나 공기는 물방울보다 훨씬 작기 때문에 예쁜 무지개를 만들지는 못해요. 대신 공기는 샤워기가 물을 흩뿌리듯이 햇빛을 사방으로 흩어지게 하지요. 이렇게 공기 때문에 햇빛이 흩어지는 현상을 산란이라고 해요. 하늘이 파랗게 보이는 건 바로 이 산란 때문이에요.

자, 앞에서 햇빛은 여러 가지 빛깔을 가지고 있다고 했지요? 햇빛이 하늘에 떠 있는 물방울을 만나면 빛깔마다 꺾이는 각도가 다르다는 것도요. 햇빛이 공기를 만나 산란될 때도 비슷한 현상이 일어나요. 빛깔마다 산란되는 정도가 다르지요.

예를 들면 파란빛은 빨간빛보다 무려 4배나 많이 산란돼요. 여러 빛깔 중에서 가장 많이 산란되는 것은 보랏빛인데 하늘 가장 높은 곳에서 가장 많이 흩어져요. 그다음은 남빛이고요. 남빛은 보랏빛 다음이니까 보랏빛보다 조금 낮은 곳에서 가장 많이 산란되겠지요?

　남빛 다음에는 파란 빛깔이에요. 파란빛은 땅 가까이 와서 가장 많이 산란되는 빛깔이에요. 그래서 우리가 하늘을 볼 때 파란빛이 가장 많이 흩어져 있는 거예요. 또한 햇빛에는 파란빛이 보랏빛이나 남빛보다 훨씬 많아요. 그래서 하늘이 파랗게 보여요. 만약 우리가 조금 높은 곳에서 하늘을 보면 남빛으로 보일 거예요. 더 높이 올라가면 보랏빛으로 보이고요.

빨간빛을 적게 퍼트려요

　저녁이 되면 해는 서쪽 하늘에 있어요. 해는 동쪽 하늘에서 떠서 서쪽 하늘로 지니까요. 지구는 공처럼 둥글기 때문에 해가 머리 위에 있을 때보다 서쪽 하늘에 있을 때 멀리 보여요. 햇빛은 우리에게 보이기까지 먼 거리를 여행해야만 해요.

　그렇기 때문에 낮에는 파랗게 보였던 하늘이 더 이상 파랗게 보이지 않는 거예요. 왜냐하면 파란빛은 이미 다 흩어져 버렸으니까요. 초록, 노랑, 주홍빛도 마찬가지고요. 그런데 빨간빛은 여러 빛깔 중에서 가장 적게 흩어지기 때문에 햇빛이 먼 거리를 여행해도 끝까지 남아 있어요. 그래서 저녁노을이 붉게 보이는 거예요.

　해가 뜰 무렵, 하늘을 보세요. 이때도 역시 동쪽 하늘은 아침노을로 붉게 물들어 있어요. 해가 뜰 무렵에도 땅 가까이에서 가장 적게 흩어져서 끝까지 남아 있는 빛깔이 바로 빨간빛이기 때문이에요.

오염 물질은 햇빛을 잘 흩어지게 해요

　자동차 매연이나 공장 연기가 많은 날에는 하늘이 뿌옇게 보이지요? 이런 날에는 파란 하늘이나 붉은 저녁노을을 볼 수 없어요. 왜 그럴까요? 이것도 역시 햇빛의 산란 때문이에요.

　자동차나 공장에서 나온 오염 물질은 공기보다 훨씬 크기 때문에 햇빛을 잘 흩어지게 해요. 즉 산란이 잘 일어나지요. 햇빛이 오염 물질을 만나면 보랏빛이든 빨간빛이든 상관없이 모든 빛깔이 한꺼번에 흩어져 버려요. 따라서 햇빛의 여러 빛깔이 뒤죽박죽 섞여 어느 한 가

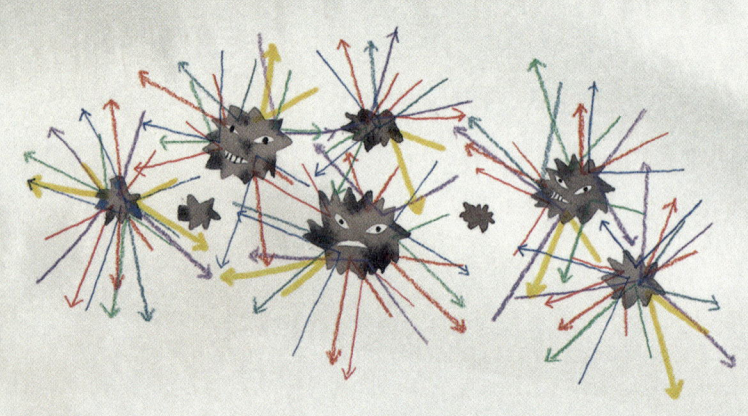

지 빛깔을 만들지 못해요.

　물감이나 크레용으로 여러 빛깔을 마구 칠해 보세요. 그러다 보면 뿌옇고 탁한 빛깔이 나오지요? 오염 물질이 많은 하늘도 이와 똑같아요. 오염 물질은 많은 양의 햇빛을 흡수하고 반사시키는 역할도 하기 때문에, 하늘이 뿌옇게 보일 때에는 밖에서 너무 많이 뛰놀면 안 돼요. 오염 물질이 많은 공기를 들이마시게 되니까요.

공기가 없는 세상에서는 아무것도 볼 수 없어요

지금까지 공기가 있기 때문에 하늘이 파랗게 보이기도 하고, 저녁 노을이 붉게 빛나기도 한다고 얘기했어요. 그러니까 당연히 지구에서 공기를 모두 없애 버린다면 파란 하늘과 저녁노을을 볼 수 없을 거예요. 그뿐일까요?

공기가 하나도 없는 우주에서는 어떤 일이 일어날지 한번 생각해 보세요. 우주에서는 밝게 빛나는 해와 별밖에는 아무것도 볼 수가 없어요. 햇빛을 산란시켜 주는 공기가 없기 때문이에요. 지구에도 공기가 없다면 마찬가지겠지요.

공기는 정말 고마운 존재예요. 그러니까 이 고마운 공기를 깨끗하게 보존해서 우리 다음 세대에게 또 그다음 세대에게 오래도록 물려줘야 해요.

4.

천사들의 수채화
오로라

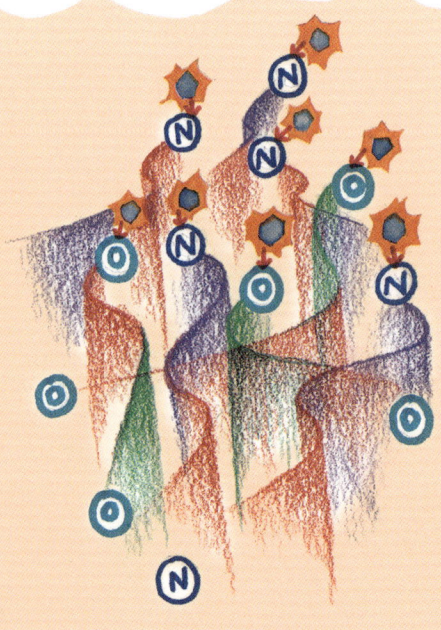

하얀 도화지에 물감을 칠해 보세요. 여러 가지 빛깔로 마음껏 아름답게 꾸며 보세요. 파랗게, 빨갛게, 노랗게……. 아름다운 빛깔을 섞어서 정성껏 그린다면 자연이 만들어 내는 그림보다 예쁘게 그릴 수 있을까요? 만약 여러분이 오로라를 보았다면 아마 단박에 고개를 저을 거예요. "오로라보다 아름다운 그림은 아무도 못 그릴 거예요."라고 말하면서 말이에요.

오로라는 천사들이 하늘이라는 도화지에 그려 놓은 수채화 같아요. 너무나 신비롭고 아름답지요. 어때요, 여러분도 오로라를 보고 싶지 않나요? 하지만 오로라를 보기는 쉽지 않아요. 우리나라에는 오로라가 생기지 않거든요. 오로라는 아주 추운 북극과 남극 지방에 가야 볼 수 있어요.

지금 당장 여행을 떠나겠다고요? 꽤 멀기는 하지만 아주 좋은 생각이에요. 그런데 떠나기 전에 먼저 오로라가 어떻게 생겼고, 왜 만들어지는지는 알고 가야겠지요? 지금부터 오로라에 대해 알아보아요.

극지방에 생긴 오로라의 모습

태양 폭발로 인해 작은 입자들이 지구로 몰려와요

 북극이나 남극에 간다고 해서 언제나 오로라를 볼 수 있는 건 아니에요. 태양에 커다란 폭발이 있을 때만 볼 수 있어요. 태양이 용광로처럼 타오르고 있다는 건 잘 알지요? 태양의 평균 온도는 무려 6천 도(℃)나 돼요. 쇠를 시뻘겋게 녹이는 용광로보다 더 뜨거워요.
 망원경으로 자세히 관찰해 보면 태양은 늘 변하고 있어요. 어떤 때는 태양의 불꽃이 강하고, 또 어떤 때는 약하지요. 또 태양 표면에서는 크고 작은 폭발이 자주 일어나는데, 원자 폭탄 수백만 개가 한꺼번

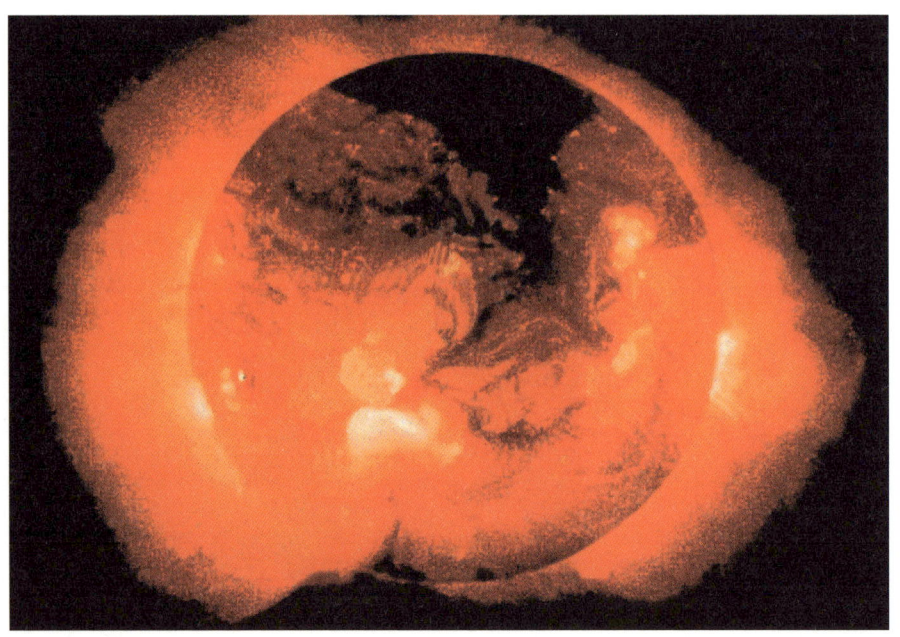

태양이 폭발하는 모습

에 폭발하는 것만큼 어마어마해요.

태양에서는 우리가 상상할 수도 없을 만큼 큰 폭발이 아무렇지도 않게 일어나고 있어요. 커다란 폭발이 있을 때에는 1초에 무려 400킬로미터를 갈 만큼 매우 빠른 바람이 생겨나요. 이것을 태양풍이라고 하는데, 이 바람을 타고 태양 표면에 있던 아주 작은 입자들이 지구로 몰려들어요.

태양

태양은 지구로부터 1억 4,900만 킬로미터 떨어진 곳에 있어요. 무게는 지구 무게의 33만 배고, 크기는 지구 크기의 109배나 돼요. 그리고 태양은 수소가 73퍼센트, 헬륨이 25퍼센트 등으로 구성되어 있어요.

태양 폭발

태양 대기의 활동이 왕성해지면 흑점 부근이 갑자기 밝아지면서 큰 폭발이 일어나는데 이를 플레어(flare)라고 불러요. 플레어는 지진이 발생하는 것처럼 흑점들끼리 서로 접근하거나 새로운 흑점이 생겨날 때 일어나요.

오로라는 어떻게 만들어질까요?

태양 표면의 입자들은 태양풍을 타고 우주를 떠돌다 지구에도 와요. 오로라를 만드는 건 바로 이 태양에서 날아온 입자예요. 그러면 오로라는 어떻게 만들어질까요?

지구 공기는 보통 전기를 띠지 않지만, 태양에서 온 입자들은 전기를 띠어요. 그래서 지구에 닿자마자 지구라는 커다란 자석이 그 입자들을 잡아당기지요.

쇳가루를 뿌려 놓고 자석을 올려놓으면 쇳가루들이 타원형을 이루며 양극에 많이 모이잖아요? 태양 입자도 커다란 지구 자석의 북극과 남극에 많이 모여들어요. 그러면서 태양 입자들은 지구의 공기 속에 있던 질소, 산소와 같은 기체와 부딪치게 돼요. 이 과정에서 태양 입자들은 가지고 있던 에너지를 산소와 질소에게 주지요.

하지만 태양 입자로부터 에너지를 받은 산소와 질소는 원래대로 돌아가고 싶어 해요. 그래서 태양 입자들한테 받은 에너지를 한사코 버리려 하지요. 이

공기의 구성 성분

공기는 크게 질소, 산소, 아르곤, 이산화 탄소 등의 4가지 성분으로 이루어졌어요. 이 중 질소는 79퍼센트를 차지하고, 산소가 20퍼센트, 나머지는 아르곤, 이산화 탄소 그리고 수증기를 비롯한 여러 기체가 차지하지요.

때 산소와 질소가 에너지를 버리면서 나오는 빛이 바로 오로라예요.

보통 산소는 초록빛과 빨간빛을, 질소는 보랏빛과 빨간빛의 오로라를 만들어 내요. 태양풍이 아주 강할 때에는 더 많은 태양 입자가 지구로 모여드니까 남극과 북극 지방뿐 아니라 위도가 높은 지방에서도 오로라를 볼 수 있어요. 그러나 우리나라는 극지방이나 고위도에 있지 않으니까 태양풍이 아무리 세게 불어도 오로라를 볼 수는 없어요.

오로라의 무서운 얼굴

천사들의 수채화처럼 신비스럽고 아름다운 오로라가 항상 좋은 것만은 아니에요. 가끔은 사람들에게 큰 피해를 입히기도 해요. 우리나라에는 오로라가 없기 때문에 피해를 입지 않지만 남극과 북극에 가까운 나라들은 때때로 큰 피해를 입어요.

캐나다에서는 1989년 오로라를 일으키는 태양풍 때문에 몇 시간 동안 정전이 되기도 했어요. 전기가 끊기는 것 말고도 무선 통신에 문제가 생기거나 인공위성의 부품이 고장 나기도 해요. 그래서 그런 나라에서는 우리가 태풍에 대비하듯이 오로라에 대비를 한답니다.

수증기

5.

하늘의 물탱크, 비와 구름

옛날에 어떤 할머니가 살았어요. 할머니에게는 두 아들이 있었는데, 큰아들은 짚신 장수였고, 작은아들은 나막신 장수였어요. 비가 오는 날이면 짚신 장수 큰아들은 짚신을 한 켤레도 못 팔았어요. 할머니는 슬펐어요.

또 비가 오지 않는 날에는 나막신 장수 작은아들이 나막신을 한 켤레도 못 팔았어요. 할머니는 또 슬펐지요. 비가 오는 날에도 슬프고 비가 오지 않는 날에도 슬프니까 할머니는 날마다 슬프기만 했던 거예요. 반대로 생각하면 기쁘게 살 수도 있었을 텐데 안타까운 생각도 드네요.

그런데 날씨는 왜 자꾸 변할까요? 공기 속에 있는 수증기 때문이에요. 만약 수증기가 없다면 날씨는 항상 맑을 거예요.

온도가 낮아지면 공기 속의 수증기는 물방울로 변해서 구름을 만들고, 구름 안에 물방울이 많아지면 먹구름이 생겨서 비가 내리지요. 목욕탕에서 천장에 주렁주렁 매달린 물방울들을 본 적이 있지요? 천장에 물방울이 많이 맺히면 머리 위로 물이 떨어지잖아요. 비가 내리는 것도 이와 같아요.

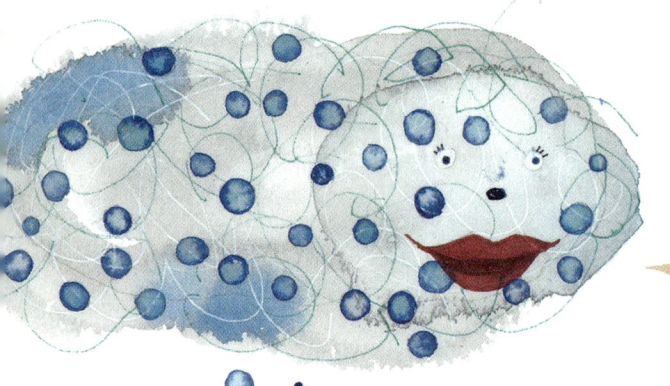

물방울은 내가 데리고 있을게~

하늘은 무지무지 커다란 물탱크

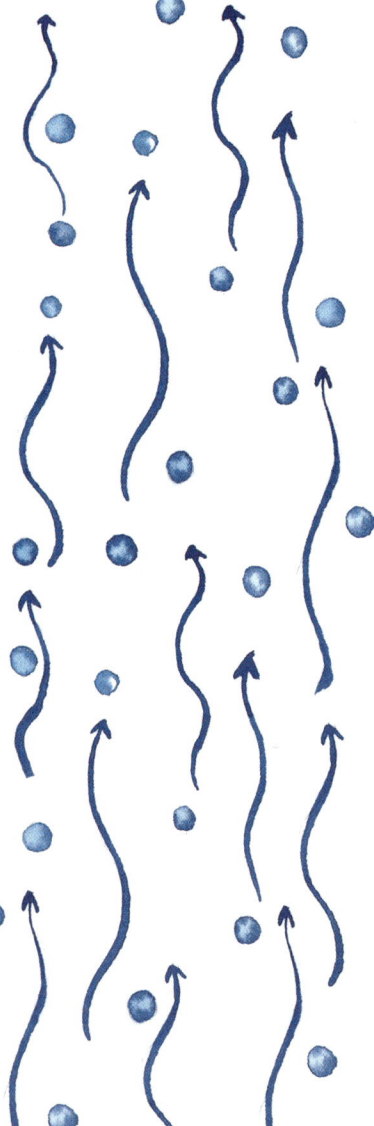

하늘에는 하루에도 수백 밀리미터가 넘는 비를 내리게 할 만큼 많은 물이 떠 있어요. 이렇게 하늘에 떠 있는 물을 수증기라고 해요.

만일 빨래를 짜듯이 하늘을 짤 수 있다면, 얼마나 많은 수증기가 비가 되어 내릴까요? 이 세상의 모든 강을 비워 놓고 그 빗물로 채운다면, 얼마나 채울 수 있을까요? 놀라지 마세요. 하늘을 짜낸 빗물로 이 세상의 강을 열 번이나 채울 수 있어요.

어때요? 생각보다 훨씬 많은 물이 하늘에 떠 있지요? 그런데 하늘에 떠 있는 그 엄청난 수증기는 다 어디서 온 걸까요? 수증기는 거의 다 바다에서 왔어요. 그러면 바닷물이 어떻게 하늘의 수증기로 변했을까요?

해가 잘 들고 바람이 잘 통하는 곳에 빨래를 널어놓으면 금세 말라요. 빨래에 있던 물기가 하늘로 잘 날아가기 때문이에요. 이렇게 물기가 하늘로 날아가는 현상을 '물이 증발한다.'고 해요.

바닷물도 햇빛이 내리쬐고 바람이 부는 날에는 하늘로 날아가요. 바닷물이 증발하는 것이지요. 그러나 흐린 날에는 빨래가 잘 안 마르듯이 바닷물도 증발이 잘 안 돼요.

지구의 70퍼센트를 덮고 있는 바다에서 증발되는 물의 양이 얼마나 많을지 상상하는 것은 그다지 어렵지 않을 거예요. 바다는 굉장히 넓고, 그만큼 수증기도 많이 만들어 내요. 땅이나 강에서도 물이 증발하지만, 바닷물에 비교하면 별것 아니에요.

따뜻한 공기 + 차가운 공기 = 구름

하늘로 올라간 수증기는 따뜻한 공기나 차가운 공기 속으로 들어가요. 따뜻한 공기와 차가운 공기는 이리저리 움직이다가 서로 만나기도 해요. 두 공기가 만나면 어떻게 될까요? 합쳐질까요? 많은 사람이 그렇게 생각하지만 실제로는 그렇지 않아요.

주전자에 물을 끓이면 주전자 꼭지에서 나온 뜨거운 수증기가 어떻

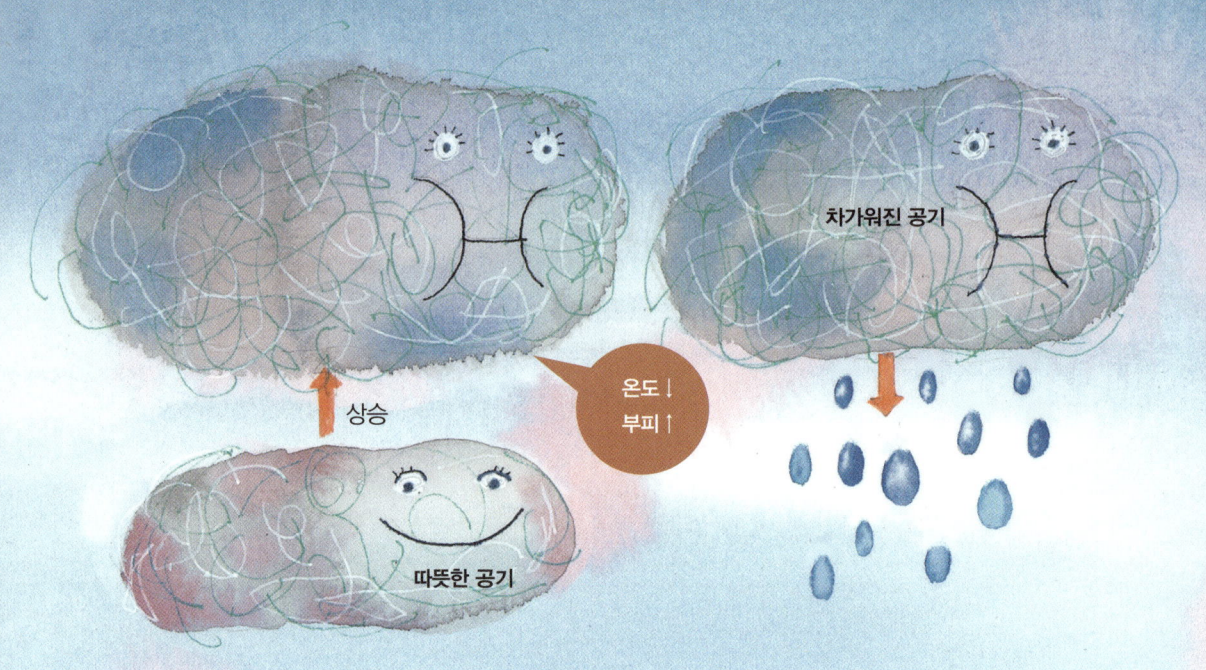

게 되는지 생각해 보세요. 수증기가 하늘로 올라가지요? 수증기는 온도가 높아서 가볍기 때문에 하늘로 올라가요.

따뜻한 공기와 차가운 공기가 만났을 때도 이와 같아요. 따뜻한 공기는 가볍기 때문에 위로 올라가고, 차가운 공기는 무겁기 때문에 아래로 내려오지요.

그럼 따뜻한 공기가 위로 올라가면 어떻게 될까요? 잘 모르겠으면 풍선이 하늘로 올라가면 어떻게 되는지를 생각해 보세요. 그래요. 풍선이 부풀어 오르는 것처럼 공기도 부풀어 올라요.

하지만 부풀어 올라 크기가 커지는 만큼 온도는 낮아져요. 왜냐하면 부풀어 오르려고 일을 하느라 에너지를 써 버리기 때문이에요.

팽팽한 고무줄을 늘이려면 힘이 들잖아요. 고무줄을 길게 늘이면 늘일수록 힘은 더욱 빠질 거예요. 그처럼 공기도 부풀어 오르느라 에너지를 빼앗겨요.

공기의 온도가 낮아지면, 습도가 높아져서 공기 안에 있던 많은 수증기가 물방울로 변해요. 수증기가 물방울로 변하여 하늘에 떠 있는 게 바로 구름, 땅 위에 있으면 안개랍니다.

100만 개의 구름 물방울이 모여서 하나의 빗방울을 만들어요

구름 물방울은 아주 작아요. 빗방울이 축구공만 하다면 구름 물방울은 좁쌀 알갱이보다도 작아요. 구름 물방울의 크기는 0.02밀리미터쯤이에요. 만일 구름 물방울을 하나씩 띄워 놓고 본다면 너무 작아서 보이지 않을 거예요.

우리가 볼 수 있는 구름은 셀 수 없을 만큼 많은 구름 물방울이 한데 모여 있는 거예요. 그럼 눈에 보이지도 않을 만큼 작은 구름 물방울이 얼마나 많이 합쳐져야 빗방울이 만들어질까요?

산성비

황산은 석탄과 석유를 태울 때 생기는데 공기를 오염시키는 가스 가운데 하나예요. 황산은 구름 속의 물방울에 녹아들어서 비가 올 때 같이 내리는데 이를 산성비라고 해요. 산성비는 건물을 깎아 내릴 뿐만 아니라 육지, 강, 호수의 물을 오염시켜 나무와 수많은 물고기를 해쳐요.

무려 100만 개의 구름 물방울이 합쳐져야 하나의 빗방울이 만들어진답니다.

구름 속의 소용돌이를 아시나요?

구름이 끼어 있다고 언제나 비가 내리지는 않아요. 땅에 떠 있는 구름인 안개가 끼어 있는 날은 하루 종일 맑아요. 왜 똑같이 구름이 끼어 있는데 어떤 때는 맑고 어떤 때는 비가 내릴까요?

구름이라고 해서 다 똑같은 구름이 아니기 때문이에요. 구름 물방울이 합쳐져서 빗방울이 만들어지려면 구름 안에 소용돌이가 있어야 해요. 수많은 소용돌이를 따라 구름 물방울이 움직이면서 서로 부딪쳐 잘게 쪼개지기도 하고, 합쳐지기도 해요. 보통은 큰 물방울이 작은 물방울을 빨아들여 버리지요. 이렇게 해서 큰 구름 물방울이 더욱 커져서 빗방울로 바뀌는 거예요.

시커먼 먹구름 속에는 큰 소용돌이가 많이 있어요. 아무리 날쌔고 튼튼한 비행기라도 이 소용돌이에 빨려 들어가면 꼼짝 못 하지요. 심한 경우에는 비행기가 두 동강이 나기도 해요.

그러나 흰 구름 속에 있는 소용돌이는 크기도 작고 세기도 약해요.

안개 속에는 아예 소용돌이조차 없지요. 그렇기 때문에 흰 구름이나 안개 속에서는 구름 물방울이 합쳐질 수 없고, 비도 내리지 않는 거예요.

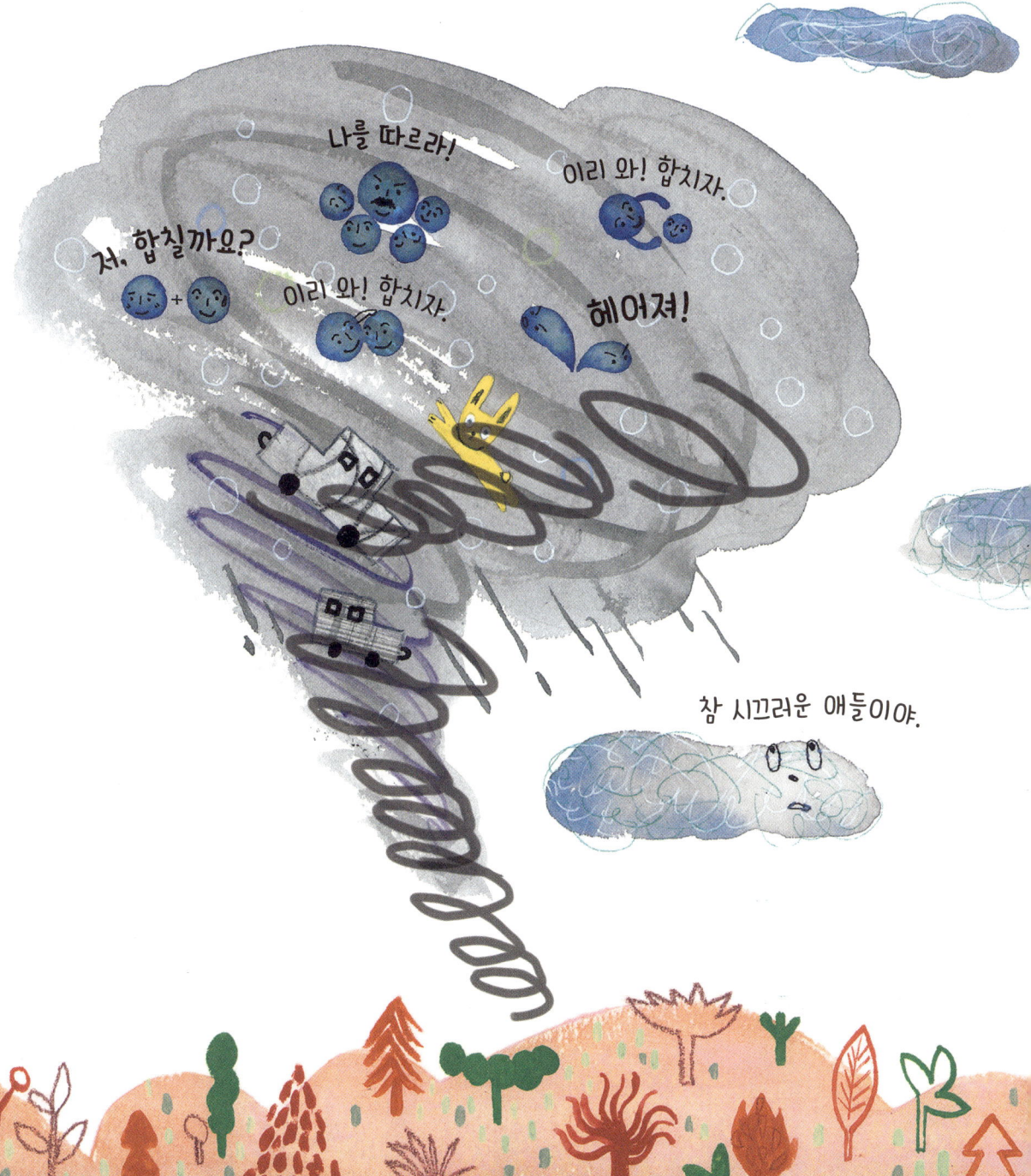

6. 번개와 천둥은 형과 동생 사이

아저씨가 어릴 적 일이에요. 우르르-쾅, 우르르-쾅. 금방이라도 하늘이 무너질 듯 천둥이 쳤어요. 아저씨는 놀라서 엄마 품으로 달려들었어요. 엄마는 등을 토닥거려 주셨지요. 그러면 콩콩 뛰던 가슴이 가라앉으면서 스르르 잠이 들었어요. 그러나 천둥이 다시 세게 내리치면 깜짝 놀라 깨어나고 말았지요. 너무 놀라 울기까지 했어요.

울다가 이런저런 걱정도 들었어요. '이러다가 하늘이 찢어지는 건 아닐까? 그러면 그 위에 있던 빗물이 폭포처럼 쏟아지고, 집도 사람도 모두 떠내려갈지 몰라.' 하고요.

여러분도 천둥이 요란하게 칠 때면 이런 걱정을 하지는 않나요? 하지만 천둥이 치는 까닭을 알면 무서워하지 않게 될 거예요. 물론 하늘이 찢어질까 봐 걱정하는 일도 없을 거고요.

사실 무서워해야 할 건 천둥이 아니라 번개예요. 번개는 우리 생명을 앗아 갈 수도 있거든요. 천둥이 칠 때 잘 보세요. 천둥이 치기 전에는 언제나 번개가 먼저 쳐요. 번개가 친 다음에야 '우르르-쾅' 하고 천둥이 치지요. 마치 사이좋은 형과 동생처럼요.

번개의 힘은 얼마나 셀까요?

번개를 만들어 내는 건 전기예요. 그렇다고 하늘이 집에서 쓰고 있는 전기를 가져다가 번개를 만드는 건 아니에요.

집 안 벽 여러 곳에 박힌 전기 콘센트 구멍을 보세요. 콘센트 구멍이 두 개지요? 또 콘센트에서 텔레비전이나 라디오에 연결된 전깃줄도 살펴보세요.

겉보기에는 한 줄로 되어 있는 것 같지만, 실은 두 개의 전깃줄이 한데 묶여 있어요. 이렇게 콘센트 구멍이 두 개고 전깃줄이 두 줄로 되어 있는 까닭은 바로 전기가 양전기와 음전기로 나뉘기 때문이에요.

전깃줄이 낡아 벗겨지기라도 하면 떨어져 있던 양

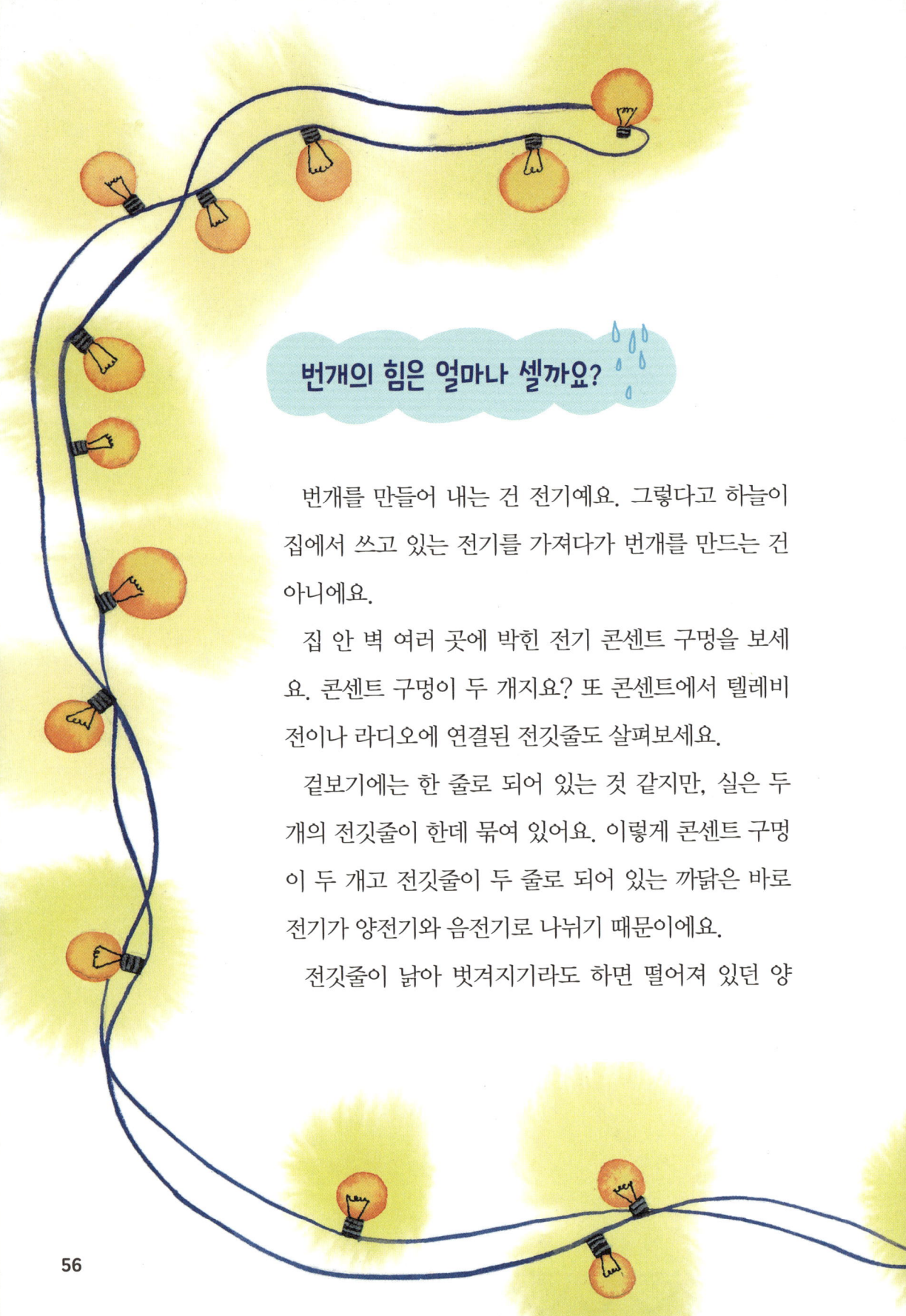

전기와 음전기가 부딪쳐 불꽃이 번쩍 튀지요. 이런 현상을 '합선되었다.'고 해요.

합선이 되면 불꽃이 생겨나니까 자칫하면 큰불이 날 수도 있어요. 그러니까 오래된 전깃줄은 꼭 새것으로 바꿔야 해요. 또 전깃줄을 가지고 장난을 해서도 안 돼요. 가지고 놀다 전깃줄이 벗겨지면 불꽃이 튀니까 아주 위험해요. 손이 검게 타서 데거나, 심하면 심장 마비까지 올 수 있어요.

번개도 합선과 비슷한 방법으로 불꽃을 만들어 내요. 하지만 번개는 합선과는 비교가 안 될 만큼 엄청나게 센 전기가 만나서 생겨요. 무려 수백만에서 수억 볼트나 되지요. 우리가 집에서 쓰는 전기가 220볼트니까 이보다 몇만 배 이상 세요.

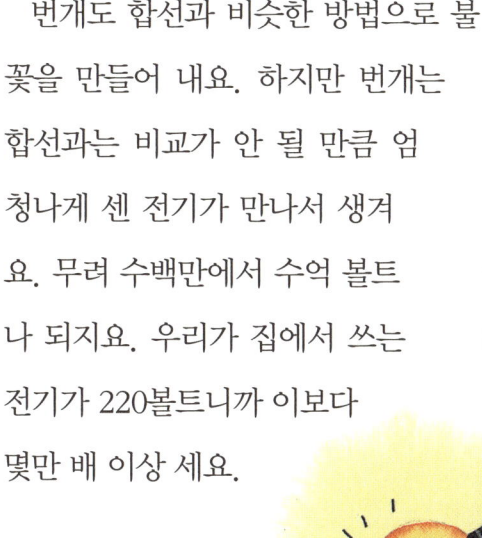

하늘에도 전기를 만드는 발전소가 있어요

하늘에서 어떻게 수백만 볼트나 되는 전기가 생겨날 수 있을까요? 하늘에는 크고 복잡한 기계가 가득 찬 발전소도 없을 텐데 말이에요. 구름 속에 떠 있는 수많은 물방울과 얼음 알갱이들, 바로 이게 하늘에 있는 발전소예요.

물방울들과 얼음 알갱이들이 어마어마한 전기를 만들어 낸다니 도무지 이해가 안 되지요? 자, 그럼 지금부터 어떻게 전기가 만들어지는지 살펴볼까요?

대부분의 번개와 천둥은 비가 장대같이 내릴 때 생겨나요. 시커먼 먹구름이 가득한 하늘에서 굵은 빗줄기가 마구 쏟아질 때 말이에요. 그런 먹구름 속에는 수많은 물방울이 모여 있어요. 어떤 물방울은 비가 되어 땅으로 떨어질 만큼 크고, 어떤 물방울은 눈에 보이지도 않을 만큼 작지요.

물방울의 안과 밖의 기온 차가 무려 5℃

크고 작은 얼음 알갱이들도 많은데, 그 속에는 양전기와 음전기가 가득 차 있어요. 양전기는 바깥쪽에, 음전기는 안쪽에 모여 있어요. 왜냐하면 물방울과 얼음 알갱이의 안쪽 온도가 바깥쪽보다 높은데 양전기는 온도가 낮은 곳을 좋아하고, 음전기는 온도가 높은 곳을 좋아하기 때문이에요. 온도 차이가 클 때는 안쪽이 바깥쪽보다 5도까지 높아요.

물방울은 눈에 보이지도 않을 만큼 작은데 이렇게 큰 온도 차이가 있다니, 믿어지지 않지요? 하지만 사실이에요.

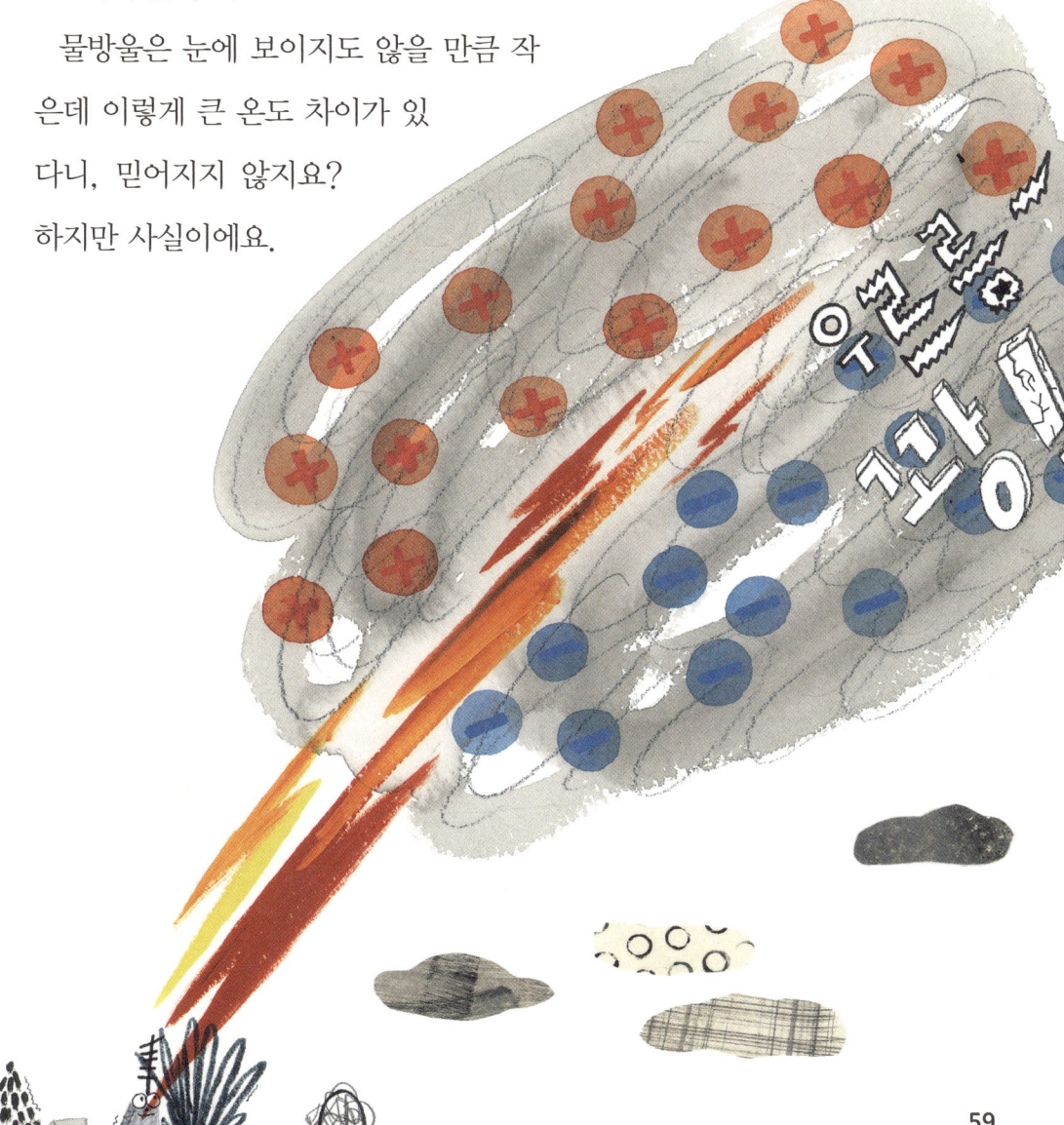

온도 차이가 없다면 번개와 천둥은 치지 않을 테니까요.

먹구름 속에는 크고 작은 소용돌이가 아주 많은데, 어떤 것은 아주 빨라서 1초에 수십 미터나 움직여요. 물방울과 얼음 알갱이는 이 소용돌이를 타고 하늘 높이 올라가고, 올라가면서 서로 부딪쳐 깨지기도 하고 합쳐지기도 하지요.

하늘 높이 올라가면서 온도가 낮아진 물방울은 얼음 알갱이로 변해요. 그러면서 바깥쪽이 잘게 깨져 나가고, 양전기와 음전기도 서로 헤어지게 되지요. 그러면 바깥쪽에 있던 양전기는 아주 작은 조각이 되어 소용돌이를 타고 구름의 윗부분에 모이고, 무거운 음전기 조각들은 구름의 아랫부분에 모여요.

소용돌이가 많아지면 얼음 알갱이가 계속 생겨나고, 얼음 알갱이가 깨지면 깨질수록 구름 윗부분에는 양전기가 아랫부분에는 음전기가 점점 많아지게 돼요. 구름 윗부분과 아랫부분에 떨어져 있던 양전기와 음전기는 마침내 수백만 볼트에 이르게 되고, 엄청나게 큰 번개 불꽃을 만들어요. 이런 번개 불꽃은 구름 아랫부분과 땅 사이에서도 만들어질 수 있어요.

공기가 뜨거워져서 천둥이 쳐요

그럼 번개와 천둥은 왜 형제처럼 붙어 다닐까요? 번개는 우리가 상상하는 것보다 훨씬 강한 불꽃이에요. 번개 불꽃이 지나가는 자리는 아주 좁지만, 그곳의 온도는 수천부터 수만 도에 이를 정도로 아주 뜨거워요. 비에 젖은 아름드리나무도 순식간에 태워 버릴 수 있지요.

번개 불꽃 때문에 뜨거워진 공기는 곧바로 팽창하게 돼요. 풍선을 난로 위에 갖다 대면 풍선이 터지지요?

바로 풍선 안의 공기가 팽창하기 때문에 풍선이 그 힘을 이겨 내지 못하고 터지는 거예요.

번개 불꽃이 지나간 자리에 있는 공기도 이처럼 갑자기 커져요. 그러면서 풍선이 '펑' 하고 터지는 것처럼 소리가 나지요. 소리는 무척 커서 아주 멀리서도 들을 수 있어요.

그런데 왜 번개가 치고 나서 천둥이 칠까요? 번개와 천둥은 거의 동시에 만들어지는 것 같은데 말이에요.

아주 좋은 질문이에요. 여러분이 생각하는 것처럼 번개와 천둥은 거의 동시에 만들어져요. 하지만 번개가 친 다음에 천둥소리가 울리는 까닭은 빛의 속도가 소리의 속도보다 훨씬 빠르기 때문이에요.

빛은 1초에 지구를 7바퀴 반이나 돌만큼 빠르지만, 소리는 겨우 330미터밖에 못 가거든요. 예를 들어 번개가 치고 5초가 지나 천둥소리가 들렸다면, 번개 불꽃이 생겨난 곳은 1.6킬로미터쯤 떨어진 곳이 되는 거예요.

이렇게 하면 번개도 무섭지 않아요

땅으로 내려온 번개는 무엇이든 닥치는 대로 태워 버리기 때문에 아주 위험해요. 100도의 펄펄 끓는 물에 닿아도 큰 화상을 입는데, 수천 내지 수만 도의 번개에 닿으면 어떻게 되겠어요? 대부분 심하게 화상을 입거나 감전되어 죽게 돼요.

번개는 높이 솟아 있을수록 맞기 쉽기 때문에 피해를 막으려면 피뢰침을 높이 세워야 해요. 피뢰침에 맞은 번개의 전기는 피뢰침을 따라서 땅으로 들어가 버리거든요.

그럼 번개가 칠 때 우리는 어떻게 해야 할까요? 번개는 아주 위험하니까, 가장 좋은 방법은 집 안에 있는 것이겠지요. 반대로 가장 조심해야 하는 곳은 큰 나무 밑이에요. 번개는 큰 나무를 좋아하거든요. 나무가 번개에 맞으면 그 아래 있던 사람도 같이 감전될 수 있으니 조심해야 해요.

또 번개가 좋아하는 쇠로 된 우산을 들고 나가서도 안 돼요. 만일 가까운 곳에 자동차가 있으면 빨리 자동차로 들어가세요. 자동차 안은 안전하니까요.

천둥보다는 번개를 조심하세요

　번개는 먹구름 속에 있는 물방울과 얼음 알갱이가 만들어 내는 자연 현상이고, 천둥은 번개가 지나간 자리의 공기가 뜨거워져서 생겨나는 소리일 뿐이에요. 그러니까 천둥이 친다고 무서워할 필요는 없어요. 더욱이 천둥소리에 하늘이 찢어지는 일은 절대 일어나지 않으니까 걱정하지 않아도 돼요.

　하지만 천둥 번개가 칠 때 우리는 땅에 떨어지는 번개를 조심해야 해요. 번개에 맞으면 죽거나 다칠 수도 있으니까요.

7. 심술 꾸러기 장사 태풍

태풍이 온다는 일기 예보가 나오면 모두 걱정이 태산이에요. 태풍은 아주 심술궂은 데다 힘이 어마어마하게 센 장사라서 큰 피해를 주거든요. 태풍이 몰고 온 바람은 단숨에 커다란 나무를 부러뜨리기도 하고 지붕을 날려 버리기도 해요.

　또 바다에서는 엄청나게 큰 파도를 만들어요. 2~3층 빌딩 높이의 파도가 생기는 건 보통이지요. 이렇게 큰 파도가 배나 바닷가 마을을 덮친다고 생각해 보세요. 배는 산산조각이 나기 일쑤고 온 마을이 순식간에 물에 잠기기도 하지요. 그래서 태풍이 오면 배들은 모두 항구로 피난을 가요.

그뿐만 아니라 태풍은 많은 비를 뿌리기 때문에 곳곳에 물난리가 나기도 해요. 많이 내릴 때는 하루에 500밀리미터가 넘기도 해요. 우리나라에 1년 동안 내리는 비의 양이 1,400밀리미터쯤인데 하루 동안 500밀리미터가 내린다니 정말 어마어마하지요.

태풍이 몰고 온 비로 마을이나 논밭이 물에 잠기는 일이 해마다 일어나요. 힘들여 지은 농사를 망치기도 하고 목숨과 재산을 잃기도 해요. 이렇게 태풍은 엄청난 피해를 입혀요. 태풍이 다가오면 어른들이 걱정하는 건 당연해요.

세상에서 가장 큰 바람개비

책이나 텔레비전에서 태풍 사진을 본 적 있나요? 바람개비처럼 생기지 않았나요? 아저씨는 가끔 태풍을 볼 때면 바람개비가 생각나요. 가운데에 기다란 막대를 끼워서 달리면 바람개비처럼 빙글빙글 돌 것만 같아서예요. 그런데 정말로 태풍에는 막대를 끼우기 좋게 생긴 구멍이 하나 있어요. 이 구멍을 우리는 '태풍의 눈'이라고 불러요.

태풍의 눈은 태풍 한가운데에 있는데, 사진에서는 흰 구름에 둘러싸인 까만 점으로 보여요. 까맣게 보이는 건 그곳에 구름이 없기 때문이에요. 구름이 없으니까 당연히 비도 내리지 않아요. 바람도 아주 약하고요. 태풍의 눈은 태풍이 아주 강할 때만 생겨요. 그렇기 때문에 이 눈이 크면 클수록 태풍도 강해요.

　태풍 한가운데에 비도 없고 바람도 약한 곳이 있다니 신기하지요? 그러면 태풍의 센 바람과 많은 비는 어디에 있는 걸까요? 바로 태풍의 눈 주위를 맴돌고 있는 구름 띠에서 바람이 불고 비가 내리는 거예요.

　태풍의 구름 띠 높이는 10킬로미터가 넘어요. 에베레스트산보다 높지요. 그리고 너비는 무려 수백 킬로미터나 돼요. 태풍이 오면 우리나라는 온통 태풍 구름 띠 속에 파묻히지요. 만일 태풍 한쪽 끝에서 다른 끝으로 자동차를 타고 간다면 몇 시간은 달려야 할 거예요.

인공위성에서 본 태풍

처음에는 구름 무리에 불과했던 태풍이……

　태풍이 처음부터 크고 넓은 구름 띠와 센 바람을 몰고 다니는 건 아니에요. 태풍은 필리핀 동쪽에 있는 열대 서태평양에서 생겨나요. 이때는 '열대성 저기압'이라고 부르는 작은 구름 무리일 뿐이에요.

　하지만 열대 바다의 온도가 높은 수증기의 도움을 받아서 점점 커져요. 그리고 북태평양 고기압의 바람을 따라 북쪽으로 올라오지요. 열대 바다에 있던 구름 무리가 어떻게 어마어마한 태풍으로 바뀌게 될까요?

　열대 서태평양의 구름 무리가 있는 곳은 저기압이니까 주변 공기들이 마구 몰려들겠지요? 몰려든 공기는 하늘로 올라가고요. 하늘로 올라간 공기한테 무슨 일이 일어나는지는 알고 있지요? 크기가 커지고, 온도는 낮아져요. 온도가 낮아지니까 공기 안에 있던 수증기는 구름 물방울로 바뀌게 돼요.

　그런데 기체인 수증기가 액체인 구름 물방울로 변할 때 모습만 바뀌는 게 아니라 열도 밖으로 내놓아요. 이렇게 수증기가 내놓는 열을 잠열이라고 하는데 수증기 1그램이 물방울로 변할 때 600칼로리쯤의 잠열을 내놓아요. 이 에너지는 수증기가 없는 공기 1그램의 온도를 2,500도나 올릴 수 있을 만큼 큰 에너지예요.

　너비가 수백 킬로미터나 되는 구름 무리 속에 있는 수증기가 구름 물방울로 변하면서 내놓는 잠열은 상상할 수 없을 만큼 커요. 이 엄청난 에너지는 태풍의 온도를 높이는데, 태풍 안의 온도가 바깥보다 무려 15도 이상 높은 경우도 많아요. 태풍의 온도가 이렇게 높으니까 공기는 가벼워져 하늘로 올라가고, 기압은 더 낮아져 주변의 공기가 계속 몰려 들어오지요.

몰려든 공기는 다시 높이 올라가고, 구름 물방울이 생겨나고, 수증기에서 나온 잠열이 태풍의 온도를 높이고, 이렇게 계속 되풀이되면서 구름 무리가 심술꾸러기 태풍이 되는 거예요.

태풍의 눈에서 하강하는 찬 공기

상승하는 덥고 습한 공기

태풍의 많은 비와 센 바람은 어떻게 만들어지나요?

구름 무리가 태풍이 되려면 헤아릴 수 없을 만큼 많은 수증기가 구름 물방울로 바뀌어야 해요. 구름 물방울이 만들어지니까 빗방울이 생겨나는 건 당연하지요. 그러니까 태풍이 우리나라에 뿌리는 엄청난 비는 거의가 열대 서태평양에서 증발된 수증기가 변한 거예요. 태풍은 우리나라뿐만 아니라 지나가는 곳마다 비를 내리니까 태풍이 갖고 있는 수증기의 양은 엄청나지요.

그러면 태풍의 엄청나게 센 바람은 어디서 오는 걸까요? 혹시 태풍 한가운데에 제트 엔진이 있는 건 아닐까 생각해 보지 않았나요? 커다란 제트 엔진이 바람을 일으킨다고 말이에요.

정말 태풍 속에 제트 엔진이 있다면, 우리나라만 한 넓은 땅을 뒤엎을 만큼 센 바람을 만들어야 하니까 엄청나게 커야 할 거예요. 하지만 태풍에는 아주 작은 엔진 하나 없어요. 그러면 태풍이 올 때 부는 초속 수십 미터의 센 바람은 어떻게 만들어질까요?

태풍은 기압이 낮기 때문에 주변에서 바람이 불어 들어와요. 바람에 이끌려 불어오는 공기들은 빙글빙글 돌면서 안쪽으로 들어오지요. 마치 바람개비 날개가 중심으로 파고드는 것처럼 말이에요. 바깥쪽에서 안쪽으로 갈수록 속도는 점점 빨라져요.

피겨 스케이팅 선수가 빨리 돌려면 넓게 뻗었던 손을 가슴에 모으

잖아요. 태풍도 이와 같아요. 여러분도 한번 해 보세요. 팔을 뻗고 돌아도 보고, 팔을 움츠리고 돌아도 보세요. 움츠렸을 때 훨씬 빨리 돌 거예요.

그러나 아주아주 센 바람이 불면 공기가 태풍 가운데까지 들어오지 못해요. 너무 빨리 돌아서 밖으로 나가려는 힘이 커지기 때문이에요.

실에 돌을 묶어서 돌려 보세요. 세게 돌릴수록 돌은 밖으로 더 튕겨 나가려고 하지요? 이렇게 돌이 밖으로 튕겨 나가려고 하는 힘을 원심력이라고 해요. 그러니까 태풍의 바람이 너무 세지면 공기가 안으로 들어가려고 하는 힘과 튕겨 나가려고 하는 힘이 같아져서 공기가 더 이상 가운데로 들어가지 못하는 거예요.

이렇게 해서 생긴 것이 바로 태풍의 눈이에요. 앞에서도 얘기했듯이 안으로 몰려드는 공기가 없으니까 태풍의 눈에는 구름도 많이 생기지 않고, 비도 내리지 않아요. 게다가 바람도 세지 않답니다.

태풍은 육지를 무서워해요

　태풍은 열대 바다에서 북쪽으로 올수록 힘이 약해져요. 바닷물이 차갑기 때문이에요. 찬 바다에서는 증발되는 수증기 양도 적고, 온도도 열대 바다에서처럼 높지 않아요.

　온도가 낮은 수증기는 무거우니까 높이 올라갈 수도 없고, 수증기에서 나오는 잠열도 적을 수밖에 없어요. 그래서 태풍은 북쪽으로 올라오면서 점점 약해져요. 그러다가 땅으로 올라오면 더 약해진답니다.

　태풍의 힘은 수증기가 구름 물방울로 바뀌면서 내뿜는 잠열에서 나

오니까 수증기가 모여들지 않으면 약해져요. 또 땅에는 열대 바다처럼 물이 많지 않으니까 수증기가 더 이상 모여들지 않지요. 물이 없으니까 수증기도 없고, 잠열도 나오지 않으니 태풍의 온도는 더 올라가지 않아요.

더군다나 땅에는 커다란 나무도 있고 산도 있어요. 태풍이 나무를 부러뜨리고 산에 부딪히면서 가지고 있던 힘을 많이 써 버리고 말아요. 태풍이 우리나라 땅에 올라올 때쯤이면, 벌써 많이 약해져 있어요. 이렇게 약해졌는데도 엄청난 피해를 입히지요.

필리핀이나 대만에서는 태풍의 피해가 우리보다 훨씬 심해요. 이 나라들은 태풍의 힘이 가장 센 열대 바다에 있기 때문이에요. 우리나라가 열대 바다에 있지 않아서 그나마 다행이에요.

8. 하늘의 용, 토네이도

옛날 사람들은 구렁이가 나이를 많이 먹고, 착한 일을 많이 하면 용이 되어 하늘로 올라간다고 생각했어요. 구렁이가 용이 되어 하늘로 올라가는 것을 보았다는 사람도 많았지요. 옛날에는 정말 용이 하늘로 올라갔을까요? 혹시 용이 하늘로 올라가는 걸 본 적 있나요?

아마 없을 거예요. 용은 상상 속의 동물이니까요. 그러면 옛날 사람들이 거짓말을 한 걸까요? 꼭 그렇다고 할 수는 없어요. 옛날 사람들이 용이 하늘로 올라간다고 생각했던 것은 땅을 박차고 하늘로 치솟는 토네이도였을지도 몰라요.

토네이도를 부르는 순우리말이 '용오름'인 것도 이해가 돼요. 깔때기 모양의 토네이도가 하늘과 땅 사이에 길게 늘어져 있으니까 용이 하늘로 올라간다고 여길 만도 했지요.

그래도 용이 하늘로 올라간다는 얘기를 믿고 싶어 하는 친구가 있을지도 모르겠네요. 토네이도 안에 들어가 보면 용이 있는지 없는지 쉽게 확인할 수 있겠지요.

그러나 절대로 그래서는 안 돼요. 정말 큰일 나요. 토네이도는 아주 무시무시한 욕심쟁이거든요. 자기 몸에 닿는 것은 무엇이든 집어 삼켜 버리니까요. 집도 삼키고, 나무도 삼키고, 어떤 때는 소나 돼지도 꿀꺽

꿀꺽 삼켜 버려요. 아무리 먹어도 계속 배가 고프다는 듯이 말이에요.

토네이도의 회전 속도는 세상에서 가장 빠른 차보다 더 빨라요. 1초에 100미터나 움직이고, 또 위로는 1초에 수십 미터를 움직일 수 있어요. 소나 돼지가 어째서 토네이도에 빨려 들어가는지 알겠지요?

다행스럽게도 우리나라에는 토네이도가 잘 나타나지 않아요. 몇십 년에 한 번꼴로 나타나지요. 2014년 6월 10일에 경기도 고양시에서 토네이도가 나타나 농가에 16억 원이 넘는 재산 피해를 냈다고 해요.

앞뒤 좌우 어디든 갈 수 있지! 으하하하!

따라와 봐라!

100m / 1초

토네이도의 나라 미국

 세계에서 토네이도를 가장 많이 볼 수 있는 나라는 어디일까요? 사자와 밀림이 있는 아프리카일까요? 아니면 엄청나게 추운 북극이나 남극일까요? 토네이도가 가장 많이 나타나는 곳은 아주 더운 곳도, 아주 추운 곳도 아닌 미국이에요. 미국에서는 1년 동안 400~1,100개의 토네이도가 나타나요.
 그런데 놀라운 건 무엇이든 집어 삼키는 토네이도가 그다지 크지

토네이도

않다는 거예요. 아주 큰 것도 지름이 겨우 몇백 미터밖에 안 돼요. 태풍이 몇백 킬로미터나 된다는 걸 생각하면 정말 별것 아니지요. 하지만 작다고 얕보다가는 큰코다쳐요. 토네이도는 집과 여러 가지 시설들을 한순간에 망가뜨리거든요.

토네이도가 만들어지는 두 가지 이유

토네이도는 미국에서 주로 만들어지는데, 거기에는 두 가지 이유가 있어요. 첫째, 미국의 중·남부 지역에서는 봄과 여름에 북서쪽으로부터 차고 건조한 공기가 불어오고, 남쪽으로부터는 무덥고 습한 공기가 불어오기 때문이에요. 토네이도는 이렇게 성질이 다른 두 공기의 사이에서 만들어져요. 미국은 봄과 여름에 이렇게 토네이도가 만들어지기에 꼭 알맞은 두 공기가 불어오지요.

둘째, 미국에는 태풍이 많기 때문이에요. 토네이도는 태풍이 지나갈 때 생기기도 해요. 미국에는 허리케인이라고 부르는 태풍이 무척 많이 와요. 1967년에는 하나의 허리케인 때문에 141개의 토네이도가 생겨나기도 했어요. 우리나라 제주도에서 2000년에 나타난 토네이도도 태풍 때문에 생겼지요.

토네이도는 어떻게 만들어질까?

 이제 욕심꾸러기 토네이도가 어떻게 만들어지는지 알아보기로 해요. 앞에서 봄과 여름에 미국 중·남부 지역의 북서쪽에서 차고 건조한 공기가, 남쪽에서는 무덥고 습한 공기가 분다고 했지요? 두 공기가 만날 때 무덥고 습한 공기는 차고 건조한 공기보다 가볍기 때문에 하늘 높이 올라가요. 반대로 하늘로 올라가는 공기의 앞과 뒤에서는 차고 건조한 공기가 땅으로 내려오지요.

 이때 하늘로 올라가는 공기와 땅으로 내려오는 공기 사이에 시계 반대 방향으로 도는 빨대 모양의 소용돌이가 만들어져요. 계속 무덥고 습한 공기가 하늘로 올라가고 건조한 공기가 땅으로 내려오면 빨대 모양의 소용돌이는 점점 커지지요. 빨대 모양의 소용돌이가 충분히 커져서 길어지면 땅에 닿아요. 마침내 토네이도가 태어나는 거지요.

 땅에 발을 붙인 토네이도는 1초에 100미터까지 움직일 수 있어요. 이렇게 빠른 속도로 이리저리 움직여요. 그러면서 만나는 것은 무엇이든 꿀꺽꿀꺽 삼켜 버려요.

토네이도가 만들어지는 과정

❶ 덥고 습한 공기는 상승, 차고 건조한 공기는 하강

❷ 소용돌이치며 상승하는 덥고 습한 공기

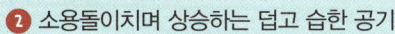

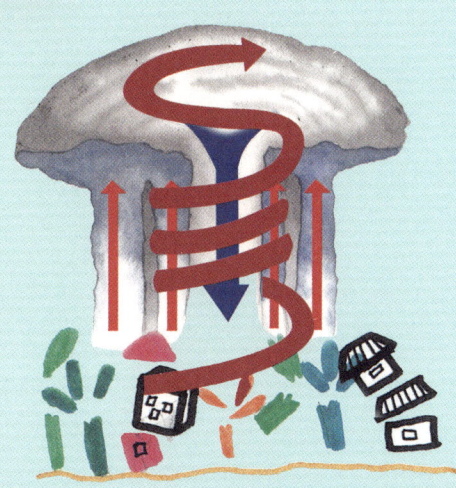
❸ 토네이도 발생

토네이도는 짧지만 굵게 살아요

　토네이도는 길어야 몇 시간, 짧으면 몇 분도 채 살지 못해요. 이렇게 덩치도 작고 오래 가지도 않지만 피해는 매우 커요. 지나가는 자리에 있는 건 뭐든지 부숴 버리니까요. 그러면 토네이도는 어떻게 없어질까요?

　바다에서 땅으로 올라온 태풍은 무엇 때문에 약해진다고 했지요? 무덥고 습한 공기가 더 이상 들어오지 않고, 바다와는 달리 땅에는 산과 나무 건물 같은 게 많아 그런 것들에 부딪히면서 점점 약해지다가 사라져 버리지요.

　토네이도가 사라지는 것도 태풍과 비슷해요. 건물이나 나무에 자꾸 부딪히다 보면 힘이 점점 약해지지요. 그러다가 마침내는 그 모습을 하늘로 감추어 버리고 말아요. 마치 용이 하늘로 올라가 버리는 것처럼 말이지요.

토네이도에 의한 피해

토네이도가 생기면 어떻게 해야 할까요? 토네이도가 지나갈 때 전기선이나 도시 가스선이 끊어지면서 불이 날 수 있어요. 집과 건물이 온통 불에 타 버릴 수도 있고요. 그러니까 전기나 도시 가스는 완전히 꺼 두는 게 안전해요. 또 높은 아파트에 사는 사람들은 빨리 지하로

토네이도가 지나간 마을 모습

피해야 해요. 토네이도는 아파트도 무너뜨릴 수 있거든요.

 가장 안전한 방법은 토네이도가 나타난 곳에서 멀리 떠나는 거예요. 토네이도 때문에 멀리 갔다가 돌아오면 집은 모양을 알아볼 수 없을 만큼 완전히 허물어져 버릴 수도 있어요.

 1999년에 미국 오클라호마주에서 발생한 토네이도는 지금까지 지구상에 나타난 토네이도 중에서 가장 큰 피해를 입혔어요. 수십 명이 목숨을 잃었고, 도시는 폭격을 맞은 듯이 파괴되고 말았어요. 아저씨는 우리나라에 토네이도가 자주 나타나지 않아서 정말 다행이라고 생각해요.

기후환경

9.

좋은 오존과 나쁜 오존

시골 쥐가 서울 쥐네 집에 놀러 왔어요. 시골 쥐는 서울 쥐를 따라 시내 구경을 다니면서 입이 떡 벌어졌어요. 사람과 자동차가 무척 많았거든요. 뿐만 아니라 서울에는 재미있고 신기한 게 정말 많았어요.

시골 쥐는 신나게 돌아다니며 구경을 했어요. 그런데 한참을 돌아다니다 보니 목구멍이 따끔거리고 가슴이 답답해졌어요. 처음에는 힘들고 지쳐서 그런가 보다 생각했지요. 그런데 몸이 점점 더 이상해졌어요.

'이상하다. 지치고 힘들면 다리가 아파야 하는데, 왜 목이 아프고 가슴이 답답하지?' 그래요. 시골 쥐는 힘들고 지쳐서 그런 게 아니었어요. 그건 바로 수많은 자동차에서 뿜어 나오는 배기가스 때문에 만들어진 오존을 많이 들이마셨기 때문이에요. 배기가스는 알겠는데, 오존은 잘 모르겠다고요? 오존이 생기는 과정을 같이 살펴볼까요?

자동차 배기가스가 햇빛을 만나면 몇 가지 화학 과정을 거쳐서 산소 원자가 만들어져요. 그리고 이 산소 원자는 공기에 있는 산소 분자와 합쳐져서 세 개의 산소 원자를 갖고 있는 오존으로 바뀌어요.

이렇게 만들어진 오존이 공기 속에 많아지면 목이 아프고 가슴이 답답해지고 숨을 쉬기가 힘들어져요. 여름철에는 햇빛이 강하니까 오존이 더 많이 만들어지지요.

늘 깨끗한 공기만 마시던 시골 쥐는 더러운 공기 때문에 견딜 수가 없었던 거예요. 시골 쥐는 서울 쥐네 집으로 돌아와서야 왜 목이 아팠는지 알았어요. 텔레비전 뉴스에서 서울 시내의 공기에 오존이 많이 섞여 있었다고 난리였으니까요. 당연히 오존 주의보도 내렸고요.

서울 쥐도 시골 쥐를 데리고 다니느라 정신이 팔려서 시내 곳곳에 설치되어 있는 전광판을 보지 못했어요. 차를 타고 가다 보면 도로 곳곳에 커다란 전광판이 설치되어 있잖아요. 그 전광판으로 오존 주의보를 알려 주거든요. 만약 서울 쥐가 서울에 오존 주의보가 내려졌다는 사실을 알았다면 시골 쥐는 덜 힘들었겠네요.

걱정스러운 것은 공기를 깨끗하게 하려고 여러 노력을 해도 오존 주의보를 내리는 날이 크게 줄어들지 않는다는 거예요. 그만큼 우리가 숨 쉬는 공기가 여전히 더럽다는 뜻이지요.

시골 쥐는 이렇게 더러운 공기 속에서 사는 서울 쥐가 불쌍해졌어요. 그래서 함께 시골로 가자고 권했어요. 하지만 서울 쥐는 그래도 서울이 좋대요. 시골 쥐는 바삐 짐을 챙겨 시골로 돌아갔어요. 그리고 다시는 서울에 오지 않았대요.

목이 따끔! 가슴이 답답! 오존 주의보가 내렸어요

오존이 많아지면 우리 몸에서 가장 먼저 영향을 받는 곳은 숨 쉬는 곳이에요. 목구멍이 따끔거리고, 기침이 나며 때로는 가슴이 답답해져요. 어린이와 노인 그리고 아픈 사람들이 더 큰 피해를 입지요. 우리나라를 비롯한 여러 나라에서는 오존의 피해를 줄이려고 오존 주의보를 내리고 있어요.

오존 주의보는 공기 속에 오존이 얼마나 많은가에 따라 세 가지로 나뉘어요. 오존 주의보는 공기 1천만 개에 오존이 1~2개 있을 때 내려져요. 1천만 개에 1개가 조금 넘으니까 거의 없다고 할 수도 있지요. 그러나 이 적은 양의 오존이 사람들을 무척 괴롭혀요.

　오존 주의보가 내린 날 밖에 오래 있으면 머리가 아파지고 가슴이 답답해져요. 뛰어다니면 더욱 심해지고요. 오존 주의보가 내리면 밖에 나가 놀면 안 돼요. 오존 경보나 오존 중대 경보가 내려지면 더 조심해야 하지요. 아주 심하면 숨이 매우 가빠지다가 폐가 제 역할을 할 수 없게 되어 죽을 수도 있어요.

　오존 주의보가 내리는 날이 계속되면 죽는 사람이 7퍼센트나 많아지고, 호흡기병으로 죽는 사람은 12퍼센트나 늘어난대요. 그러니까 오존 주의보가 내린 날에 꼭 밖에 나가야 한다면 반드시 마스크를 써야 해요.

오존 주의보

오존 양을 나타내는 단위는 ppmv예요. ppmv는 공기 100만 개 안에 오존이 몇 개 있는가를 나타내는 거예요. 예를 들면 공기 100만 개에 오존 1개가 있으면 1ppmv가 되지요.

- **오존 주의보:** 오존 양 0.12ppmv 이상
- **오존 경보:** 오존 양 0.3ppmv 이상
- **오존 중대 경보:** 오존 양 0.5ppmv 이상

식물도 오존의 피해를 입나요?

오존이 많아지면 사람뿐만 아니라 농작물을 비롯한 식물도 피해를 입어요. 우리가 코로 숨을 쉬듯 식물은 잎으로 숨을 쉬어요. 그래서 오존이 많아지면 식물의 잎이 말라 죽어요.

잎이 마르니까 애써 가꾼 농작물도 수확할 수 없게 되고, 길가에 있던 나무들도 말라 죽게 돼요. 이처럼 큰 피해를 주는 오존이 늘어나는 걸 막으려면 많은 노력을 해야 해요. 그 방법으로 몇 가지를 생각할 수 있어요.

첫째, 자동차를 되도록 운행하지 않아요. 오존이 많아지는 가장 큰 원인이 자동차 배기가스니까 자동차가 적게 다닐수록 오존도 줄거든요. 둘째, 공해가 적은 자동차 연료를 개발해요. 요즘에 나오는 휘발유는 예전과 비교해서 공해가 훨씬 적어요. 셋째, 지구 온난화를 막아요. 지구의 온도가 높아질수록 오존이 더 잘 만들어지거든요.

하지만 이것만으로는 오존이 늘어나는 걸 완전히 막을 수가 없어요. 자동차를 아예 타지 않을 수도 없고, 공해가 적은 연료를 만들어 낸다 해도 여전히 공해는 나오니까요. 게다가 지구 온난화는 갈수록 심해지고 있지요.

가장 좋은 방법은 공해가 전혀 없는 연료를 만드는 거예요. 그래서 과학자들이 전기나 수소로 가는 자동차를 열심히 만들고 있어요. 여러분이 차를 운전할 즈음에는 도로에 전기차와 수소차가 많을 거예요.

하지만 그렇게 하려면 10년도 더 남았는데, 그때까지 어떻게 해야 할까요? 방법이 있다면 좋겠지만, 지금으로써는 별다른 해결 방법이 없어요. 앞서 얘기했지만 자동차 배기가스를 최대한 줄이는 게 가장 좋은 방법이에요. 그리고 오존 주의보가 내린 날에는 밖에 나가지 않는 것이 좋아요.

오존도 알고 보면 우리에게 고마운 일을 하고 있어요

우리에게 해로움을 주는 오존이 아주 없어지면 좋겠지요? 하지만 오존을 모두 없애 버리면 우리는 살 수 없어요. 아니, 모든 동물과 식물이 죽고 말 거예요. 매연이 만들어 낸 오존은 우리에게 해를 끼치지만, 하늘 높이 떠 있는 오존은 우리를 지켜 주고 있거든요.

오존은 성층권에 속하는 20~40킬로미터 높이에 가장 많이 모여 있어요. 이곳에 있는 오존은 공장 연기와 자동차 배기가스 때문에 생겨난 게 아니에요. 자연에서 저절로 생겨났지요. 이 오존은 우리를 지켜 주는 방패와 같은 역할을 해요.

햇빛에는 우리가 눈으로 볼 수 있는 가시광선뿐 아니라 눈에 보이지 않는 자외선과 적외선도 있는데, 이 중에서 자외선은 동물이나 식물이 직접 쬐면 절대로 안 돼요.

 이 자외선을 막아 주는 기체가 바로 높이 떠 있는 오존이에요. 성층권에 있는 오존은 우리에게 해로운 자외선이 직접 닿지 않도록 막아 줘요.

 그런데 하늘 높이 떠 있는 오존이 점점 줄어들고 있어요. 오존이 줄어서 자외선이 우리에게 직접 닿으면 어떻게 될까요? 피부암이라는 무서운 병에 걸리게 돼요. 실제로 세계 곳곳에서 피부암에 걸리는 사람이 점점 늘고 있어요. 또한 개구리, 뱀 등의 양서류와 파충류, 곤충처럼 세포 수가 적은 동물들은 사람보다 훨씬 심각한 피해를 입어요. 유전자에 영향을 받아서 발이 없거나 몸이 뒤틀린 개구리와 같은 돌연변이를 낳거든요.

 현재 전세계에서 오존은 남극 대륙에서 가장 많이 감소하는데, 이것을 남극의 오존 홀이라고 불러요. 그럼 이토록 중요한 오존이 왜 줄어들고 있을까요?

냉장고나 에어컨에 사용되는 프레온 가스 때문이에요. 머리에 뿌리는 헤어스프레이에도 프레온 가스가 들어 있어요. 프레온 가스가 하늘 높이 올라가서 성층권에 있는 오존을 파괴하고 있어요.

그동안 전 세계 사람들은 프레온 가스가 오존을 파괴한다는 걸 몰랐기 때문에 아무 생각 없이 사용해 왔어요. 하지만 그 사실을 알고부터 전 세계에서 프레온 가스를 쓰는 것을 엄격하게 금지했어요. 다행스럽게도 남극 오존 홀의 크기도 1990년 이후 더 이상 커지지 않고 있어요.

오존 홀

자연 상태에서 생긴 오존의 양은 지상에서 25킬로미터 떨어진 부근에서 최댓값을 보이고, 지상에서 50킬로미터, 10킬로미터 떨어진 높이에서는 거의 찾아볼 수 없어요. 오존은 냉장고, 에어컨의 냉매 등으로 사용되는 프레온 가스의 영향으로 급격하게 줄어들었고, 그 영향이 계속되고 있어요. 그래서 남극에서 주로 8~10월에 오존에 구멍이 뚫린 것 같은 형태가 나타나는데, 이걸 오존 홀이라고 불러요. 남극의 오존 홀은 1985년에 처음 발견되었고, 1990년까지 커지다가 이후에는 크게 변하지 않고 있어요.

오존의 두 얼굴

오존은 없어서는 안 될 중요한 기체예요. 그런데 요즘 프레온 가스 때문에 남극과 북극 하늘에 오존 홀이 나타났어요. 하늘에 높이 떠 있는 오존이 우리를 지켜 주듯이 우리도 오존을 지켜 줘야 해요.

오존을 지키려면 당장이라도 프레온 가스를 쓰지 말아야 해요. 하지만 냉장고와 에어컨을 아예 쓰지 않을 수는 없어요. 그래서 최근에는 프레온 가스 역할을 대신하면서도 오존을 파괴하지 않는 냉매제를 만들어 사용하고 있어요.

오존은 우리가 지켜야 하는 소중한 기체이기도 하고, 우리 몸에 아주 해롭기도 해요. 오존은 이렇게 두 얼굴을 가진 기체예요. 높은 하늘에 있는 오존은 줄지 않도록 지켜야 하고, 땅 위에서 생겨난 오존은 없애야만 하지요.

10.

우리가
살 수 없는
세상이 오는 것은
아닐까요?

하양, 노랑, 분홍, 빨강……. 봄이 되면 여러 가지 빛깔의 고운 꽃이 피어요. 집 앞에도, 길가에도, 공원에도, 산과 들에도 피지요. 그런데 올해는 참 이상해요. 새 학기가 시작된 지 얼마 되지 않았는데 벌써 진달래가 활짝 피었어요. 꽃들이 하루라도 일찍 피어서 우리를 기쁘게 해 주려고 약속했나 봐요.

진짜로 꽃들이 약속이라도 한 것일까요? 그게 아니에요. 공장 굴뚝에서 뿜어 나오는 연기와 자동차에서 나오는 매연이 지구의 기온을 높였기 때문이에요.

그런데 이상해요. 꽃은 활짝 피었는데, 꽃을 쫓아 이리저리 날아다녀야 할 나비와 벌은 한 마리도 보이지 않아요. 나비와 벌은 아직 꽃이

피었다는 걸 모르고 있나 봐요. 어쩌면 좋지요? 누군가 나비와 벌들에게 꽃이 피었다고 알려 주어야겠어요.

이산화 탄소가 지구를 따뜻하게 해요

봄이 되면 꽃이 핀다고 생각하지요? 왜 그럴까요? 날씨가 따뜻해지기 때문일 거예요. 만약 겨울에 따뜻해지면 어떨까요? 겨울이라도 따뜻하기만 하면 꽃은 필 수 있어요. 꽃이 피려면 영상 5도가 넘는 날이 많아야 해요. 5도는 식물이 자랄 수 있는 가장 낮은 온도거든요.

앞에서 얘기했듯이 지구의 온도가 점점 올라가는 것은 공장과 자동차에서 뿜어 나오는 매연 때문이에요. 매연에는 여러 가지 기체가 섞여 있는데, 그 가운데 하나가 이산화 탄소예요. 이 이산화 탄소가 바로 온도를 높이는 가장 큰 원인이에요.

지구의 온도는 지난 100년 동안 1도 정도 올라갔어요. 특히 겨울이 많이 따뜻해졌지요. 우리나라 역시 많이 따뜻해졌어요. 지난 100년 동안 어떤 곳은 2도가 넘게 따뜻해지기도 했어요. 이렇게 지구가 따뜻해지는 현상을 '지구 온난화'라고 해요.

지구 온난화는 지구에서 담요 노릇을 하는 수증기와 이산화 탄소

때문에 일어나요. 지구 공기 중 99퍼센트는 질소와 산소로 이루어져 있어요. 이산화 탄소와 수증기는 아주 조금이고요. 그런데 정작 담요 역할을 하는 가스는 수증기와 이산화 탄소예요.

공기 속에서 수증기와 이산화 탄소를 모두 없애 버리면, 지구의 온도는 지금보다 훨씬 낮아질 거예요. 한 30도쯤은 낮아질 거예요. 이렇게 되면 여름에도 날씨가 영하로 떨어질 테지요. 생각만 해도 몸이 움츠러드네요.

우리나라가 이렇게 추워지는데 남극이나 북극은 어떻겠어요. 엄청나게 추워지겠지요. 하지만 공기 속에서 수증기와 이산화 탄소가 없어질 리는 없으니 걱정할 필요는 없어요.

자, 그럼 이제 수증기와 이산화 탄소가 어떻게 지구의 담요 노릇을 하는지 알아봐요.

지구는 햇빛을 받아 따뜻해져요. 햇빛을 계속 받으면 점점 더 뜨거워져야 할 텐데 그렇지 않아요. 지구에 온도를 낮춰 주는 무언가가 있기 때문이에요.

예를 들어 난로에 불을 땔 때, 방 안이 따뜻해지는 이유는 난로가 뜨거워지면서 밖으로 열을 내놓기 때문이에요. 이와 같이 지구도 온도가 올라가면 많은 열을 밖으로 내놓아요. 그러면서 지구의 온도는 낮아지지요.

지구의 밖은 우주니까 지구는 열을 우주로 내놓아요. 그런데 우주로 빠져나가는 열의 일부분을 붙잡는 게 있어요. 바로 공기 속에 있는 수증기와 이산화 탄소예요.

수증기와 이산화 탄소는 우주로 나가는 열의 일부를 흡수해서 다시 땅으로 보내요. 이 때문에 지구의 온도는 수증기와 이산화 탄소가 없을 때보다 훨씬 높아져요.

앞에서도 얘기했듯이 30도쯤 온도를 높여요. 이러한 현상을 '온실 효과'라고 불러요. 비닐하우스에서는 비닐이 이러한 역할을 하고, 식물원에서는 두꺼운 유리가 이런 역할을 해요.

지구가 뜨거워지고 있어요

공기 속에 이산화 탄소가 많아지면 당연히 온실 효과가 더 커지겠지요? 그러면 지구의 온도도 더 올라갈 테고요. 그러나 이산화 탄소는 지구의 온도를 올리는 데 큰 역할을 하지 않아요.

이산화 탄소가 많아진 것만으로는 100년 동안 1도 정도 올라간 지구 온난화를 설명할 수 없어요. 무언가 다른 원인이 또 있어요.

이산화 탄소가 많아지면 지구 땅의 온도가 조금 올라가고, 지구 땅의 온도가 올라가니까 지구를 덮고 있는 공기의 온도도 같이 올라가요.

이렇게 온도가 높아지면 공기는 더 많은 수증기를 품게 돼요. 온도가 높아지면 분자 운동이 활발해져서 수증기가 비집고 들어갈 틈이 커져 공기 중에 수증기가 많아지거든요.

앞에서 비가 오는 과정을 설명하면서 온도가 높아질수록 습도가 낮아진다고 얘기했지요? 그날그날의 날씨 변화를 보면 온도에 따라 습도가 변하고 있지만, 몇 년이나 수십 년 동안의 습도에는 큰 변화가 없어요.

왜냐하면 온도가 올라가는 만큼 공기 중에 수증기 양이 많아지기 때문에 습도는 변하지 않아요. 그래서 온

도가 올라가면 수증기가 많아지는 거예요.

 이제 공기 중에 수증기가 많아지면 어떻게 되는지 생각해 봐요. 당연히 온실 효과가 더 커지겠지요? 그러니까 지구 온난화는 이산화 탄소와 수증기가 함께 만들어 냈다고 할 수 있어요.

 지구 온난화는 이해하기 어려운 과정이니까 한 번 더 정리할게요. 지구의 온도가 올라가는 처음 원인은 이산화 탄소의 증가예요. 그래서 지구의 온도가 올라가고, 온도가 올라가서 더워진 공기에는 수증기가 많아져요.

수증기가 온실 효과를 일으킨다는 것은 앞에서 얘기했지요? 수증기가 많아지니까 온실 효과가 더 커져서 지구의 온도가 다시 올라가고요. 이런 식으로 지구 온난화는 계속되고 있어요.

온도가 올라가면 더 살기 좋지 않나요?

혹시 온도가 올라가면 더 살기 좋지 않을까 생각할지도 모르겠어요. 서울에서도 바나나를 키울 수 있을 거라고요? 하지만 그럴 수는 없어요. 오히려 지금 살고 있는 식물들마저 자라지 못하게 될 수도 있어요. 왜냐하면 겨울이 따뜻해지면 꽃이 일찍 피겠지만 나비와 벌은 꽃이 피었는지 알지 못할 거예요. 거꾸로 나비와 벌이 먼저 나오고 꽃이 나중에 필 수도 있겠지요.

꽃은 곤충이 없으면 큰일 나요. 나비와 벌이 이리저리 돌아다니면서 꽃을 수정시켜야 하는데 나비와 벌이 늦게 나오면 꽃은 그냥 시들어 버리고, 열매도 맺을 수가 없거든요. 꽃이 시들면 뒤늦게 세상에 나온 나비와 벌도 살 수 없어요. 꽃 속에 있는 꿀을 먹을 수가 없으니까요.

곤충을 잡아먹고 사는 개구리는 어떻게 될까요? 개구리 역시 잡아먹을 곤충이 없으니 살 수가 없겠지요. 개구리를 먹고 사는 뱀은 어떻게 되겠어요? 이러다가는 정말 큰일 나겠지요? 결국에는 사람도 살 수 없게 될지 몰라요.

그래도 바나나는 키울 수 있을 것 같다고요? 미안하지만 그것도 바랄 수 없어요. 우리나라의 겨울철 평균 온도는 얼마쯤 올라갈 거예요. 아주 추운 날은 많이 줄겠지만 아예 없어지지는 않아요. 겨울철에 아주 추운 날이 하루나 이틀 정도만 있어도 바나나는 얼어 죽고 말아요. 아주 추운 날들이 있기 때문에 바나나를 키울 수 없어요.

우리 모두 이것만은 약속해요

이산화 탄소가 많아지면 수증기가 늘어나 온실 효과가 더욱 커져 지구의 기온이 점점 올라가요. 그런데 지구 온난화는 기온이 올라가는 것만으로 끝나지 않아요.

공기의 흐름이 바뀌어서 전 세계에서는 옛날에 볼 수 없었던 이상

한 날씨가 많이 일어나고 있어요. 미국에서 홍수가 나는가 하면 중국과 아프리카에서는 큰 가뭄이 났다고 난리예요. 이런 현상을 통틀어서 '이상 기상'이라고 부르는데, 이상 기상은 갈수록 더 심해지고 있어요. 이상 기상이 없는 해가 오히려 이상할 지경이에요.

우리나라도 이상 기상의 예외 지역이 아니에요. 비가 내리는 형태가 달라져서 요즘에는 장마가 끝난 뒤에도 많은 비가 내리고 있잖아요.

이렇게 우리에게 엄청난 고통을 주는 지구 온난화를 막을 방법은 단 하나밖에 없어요. 이산화 탄소를 더 늘리지 않는 거예요. 지금까지 늘어난 이산화 탄소만으로도 앞으로 100년 동안은 지구 온난화로 고생을 해야만 해요.

왜 하필이면 10년이 아니고 100년이냐고요? 지금 하늘로 올라간 이산화 탄소가 다시 땅으로 돌아오는 데에 약 100년이 걸리기 때문이에요. 그러니 지구 온난화가 없는 세상을 만들려면 이산화 탄소를 더 이상 늘리지 않는 새로운 기술을 하루라도 빨리 개발해야 해요.

물론 새 기술이 개발되기 전까지 해야 할 일도 참 많아요. 나무를 많이 심고 자연 환경을 보호해야 해요. 나무는 상당한 양의 이산화 탄소를 흡수하고 있으니까 숲이 많아지면 이산화 탄소도 줄어들 거예요.
　또한 이산화 탄소는 공장 매연과 자동차 배기가스에 많으니까, 공장에서 만드는 모든 물건을 아껴야 해요. 자동차 배기가스를 줄이기 위해서는 가능하면 자가용보다는 버스나 지하철을 타야 하고요.
　자연은 한번 파괴되고 나면 원래의 모습으로 돌아오는 데에 엄청난 시간이 걸려요. 어쩌면 영원히 돌아오지 못할 수도 있어요. 여러분도 우리가 살 수 없는 세상이 오는 것을 원하지 않지요? 그렇다면 지구를 위해 해야 할 일을 꼭 기억해 두세요.

지구 환경 이야기 1

지구의 마법사
공기 (개정판)

1판 1쇄 발행 2001년 6월 15일 | 1판 26쇄 발행 2016년 10월 27일
2판 1쇄 발행 2021년 5월 28일 | 2판 2쇄 발행 2024년 11월 29일
글쓴이 허창회·임효숙 | 그린이 박지은
펴낸이 홍석 | 이사 홍성우
편집부장 이정은 | 편집 조유진 | 디자인 권영은·김영주 | 외주디자인 나비
마케팅 이송희·김민경 | 제작 홍보람 | 관리 최우리·정원경·조영행
펴낸곳 도서출판 풀빛 | 등록 1979년 3월 6일 제2021-000055호
주소 서울시 강서구 양천로 583 A동 21층 2110호
전화 02-363-5995(영업) 02-362-8900(편집) | 팩스 070-4275-0445
전자우편 kids@pulbit.co.kr | 홈페이지 www.pulbit.co.kr
블로그 blog.naver.com/pulbitbooks | 인스타그램 instagram.com/pulbitkids

ⓒ 허창회·임효숙, 2001, 2021
ⓒ 박지은, 2021

ISBN 979-11-6172-165-1 74450
　　　 979-11-6172-164-4 (세트)

이 도서의 국립중앙도서관 출판시도서목록(CIP)은 서지정보유통지원시스템홈페이지(http://seoji.nl.go.kr)와
국가자료공동목록시스템(http://www.nl.go.kr/kolisnet)에서 이용하실 수 있습니다.(CIP제어번호: CIP2019039718)

* 잘못된 책이나 파본은 구입하신 곳에서 바꿔드립니다.

제품명 아동 도서	제조년월 2024년 11월 29일	사용연령 8세 이상	⚠ 주 의
제조자명 도서출판 풀빛	제조국명 대한민국	전화번호 02-363-5995	종이에 베이거나 긁히지
주소 서울시 강서구 양천로 583 A동 21층 2110호			않도록 조심하세요.
KC마크는 이 제품이 공통안전기준에 적합하였음을 의미합니다.			책 모서리가 날카로우니 던지거나 떨어뜨리지 마세요.

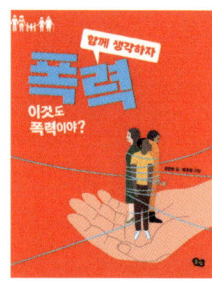
폭력
이것도 폭력이야?
김준형 글 | 류주영 그림

폭력은 우리 사회를 병들게 하는 악 중에 하나입니다. 과연 폭력이 무엇이며 그 시작과 끝은 어디인지, 폭력을 뿌리 뽑기 위해서는 어떻게 해야 하는지 알아봅니다.

GMO
유전자 조작 식품은 안전할까?
김훈기 글 | 서영 그림

GMO는 생명의 존엄성과 관련하여 끊임없이 논란이 되고 있는 첨단 과학 기술입니다. GMO가 무엇인지 알아보고, 정말로 인류에게 이로운지 GMO에 대한 진실을 살펴봅니다.

통일
통일을 꼭 해야 할까?
이종석, 송민성 글 | 최서영 그림

통일은 아직도 모두가 간절히 바라는 소원일까요? 북한은 어떤 나라일까요? 북한과 통일을 왜 해야 하는지, 통일을 한다면 어떻게 해야 하는지 깊이 있게 살펴봅니다.

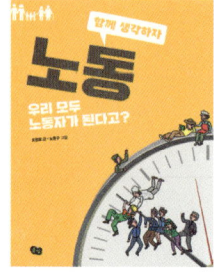
노동
우리 모두 노동자가 된다고?
오찬호 글 | 노준구 그림

인류는 아주 오래전부터 노동을 해 왔지만 노동을 둘러싼 고정 관념 때문에 터부시합니다. 노동의 진정한 의미를 살피고 어떻게 하면 노동에 대한 편견을 바로잡을 수 있는지 알아봅니다.

성평등
성 고정 관념을 왜 깨야 할까?
손희정 글 | 순미 그림

성 고정 관념은 차별을 만들어 낼 뿐만 아니라 우리를 가두는 거대한 편견입니다. 모두가 평등하고 행복한 세상을 만들기 위해서는 무엇을 해야 하는지 알아봅니다.

함께 생각하자 시리즈